essentials

essentials liefern aktuelles Wissen in konzentrierter Form. Die Essenz dessen, worauf es als „State-of-the-Art" in der gegenwärtigen Fachdiskussion oder in der Praxis ankommt. *essentials* informieren schnell, unkompliziert und verständlich

- als Einführung in ein aktuelles Thema aus Ihrem Fachgebiet
- als Einstieg in ein für Sie noch unbekanntes Themenfeld
- als Einblick, um zum Thema mitreden zu können

Die Bücher in elektronischer und gedruckter Form bringen das Expertenwissen von Springer-Fachautoren kompakt zur Darstellung. Sie sind besonders für die Nutzung als eBook auf Tablet-PCs, eBook-Readern und Smartphones geeignet. *essentials:* Wissensbausteine aus den Wirtschafts-, Sozial- und Geisteswissenschaften, aus Technik und Naturwissenschaften sowie aus Medizin, Psychologie und Gesundheitsberufen. Von renommierten Autoren aller Springer-Verlagsmarken.

Weitere Bände in der Reihe http://www.springer.com/series/13088

Michael Roslon

Konsumrituale als strategisches Marketinginstrument

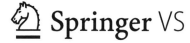 Springer VS

Michael Roslon
THEM, Hochschule Fresenius
Düsseldorf, Deutschland

ISSN 2197-6708   ISSN 2197-6716   (electronic)
essentials
ISBN 978-3-658-26501-4   ISBN 978-3-658-26502-1   (eBook)
https://doi.org/10.1007/978-3-658-26502-1

Die Deutsche Nationalbibliothek verzeichnet diese Publikation in der Deutschen Nationalbiblio-
grafie; detaillierte bibliografische Daten sind im Internet über http://dnb.d-nb.de abrufbar.

Springer VS
© Springer Fachmedien Wiesbaden GmbH, ein Teil von Springer Nature 2019

Springer VS ist ein Imprint der eingetragenen Gesellschaft Springer Fachmedien Wiesbaden
GmbH und ist ein Teil von Springer Nature
Die Anschrift der Gesellschaft ist: Abraham-Lincoln-Str. 46, 65189 Wiesbaden, Germany

Was Sie in diesem *essential* finden können

- Relevanz der Konsumrituale in modernen Gesellschaften
- Stellenwert der Unternehmenskommunikation
- Innovativer Vorschlag zur Einteilung der Konsumrituale

Danksagung

Ich danke Isabel Claren für den fachlichen Austausch über das Thema Konsumrituale. Zudem danke ich Jan Rommerskirchen, Désirée Dross und Lena Riekemann für die kritische Durchsicht des Manuskriptes und ihre hilfreichen und wertvollen Anmerkungen.

Inhaltsverzeichnis

1 Einleitung... 1

2 Die Gunst der Stunde: Unternehmenskommunikation
   im Konsumkapitalismus.................................. 7
   2.1 Der Konsumkapitalismus in der Spätmoderne................ 7
        2.1.1 Die Erste Moderne und die
               Marginalisierung der Rituale........................ 8
        2.1.2 Die Spätmoderne und die Wiederkehr
               der Rituale....................................... 9
   2.2 Herausforderungen für die
        Unternehmenskommunikation im
        Konsumkapitalismus.................................... 14
        2.2.1 Unternehmenskommunikation –
               Der Verkauf von Symbolen und Lifestyle............... 15
        2.2.2 Eventkommunikation – oder die
               leibhaftige Erfahrung symbolischer
               Gehalte.. 17

3 Konsumrituale – Eine moderne Variante von Ritualen?............ 19
   3.1 Der Ritualbegriff in den Sozial- und
        Kommunikationswissenschaften.......................... 20
        3.1.1 Rituale.. 20
        3.1.2 Ritualisierung................................... 22
        3.1.3 Zwischenfazit.................................... 24
   3.2 Stand der Forschung über Konsumrituale................... 24
   3.3 Konsumrituale – Ein integratives Verständnis............... 29

4 Implikationen für die Forschungs- und Marketingpraxis 35
    4.1   Qualitative (Markt-)Forschung 36
    4.2   Methoden der qualitativen Marktforschung. 38

5 Fazit 41

Literatur. 45

Einleitung 1

Ritueller Konsum ist ein Adelsschlag für Unternehmen, denn ritueller Konsum bedeutet, dass Konsumenten Produkte oder Marken weder aufgrund ihres funktionellen Zwecks noch ausschließlich aufgrund ihrer symbolischen Bedeutung konsumieren. Stattdessen ist diese Form des Konsums Bestandteil eines verbindlichen, ggf. kollektiven, und symbolisch bedeutungsvollen Handlungskomplexes, der emotionale ehrwerte, wie beispielsweise eine spezifische Erlebnisqualität, Sicherheit oder Halt bietet. Alltagssprachlich berichten Menschen häufig, dass der morgendliche Kaffee, spezifische Beauty- und Pflegehandlungen, das gemeinsame Essen mit der Familie oder das alljährliche Aufsuchen eines Musikfestivals für sie Rituale darstellen. Eine derartig alltagssprachliche Verwendung des Ritualbegriffs stellt indes jedoch keine angemessene Kategorie zur Erfassung ritueller Phänomene dar, weshalb es gilt, den Ritualbegriff näher zu betrachten.

Der Ritualbegriff wird im modernen Wissenschaftsdiskurs zunächst in ethnografischen Studien genutzt, um Komplexe heiliger bzw. religiöser Praktiken terminologisch zu erfassen (Robertson-Smith 1899; Frazer 1922; Leach 1968). Allerdings findet diese begriffliche Engführung bereits seit Ende der 1950er Jahre nicht mehr statt. Der Ritualbegriff wird heutzutage für eine große Bandbreite an sozialen Prozessen verwendet (Wulf 2005; Roslon 2017). Rituale werden meist als verpflichtende Praktiken bestimmt, die einen wesentlichen Teil zur Stabilisierung der sozialen Alltagswelt beitragen (Durkheim 1981; Freud 1907). In Ritualen spielen für gewöhnlich Symbole oder symbolisch aufgeladene Artefakte bzw. Produkte eine wesentliche Rolle. In der christlichen Religion ist dies bspw. das Kreuz, welches als Richtpunkt der Gemeinschaft der Gläubigen fungiert.

Nachdem das Konzept des Rituals in der Anthropologie bzw. Ethnografie eingeführt wurde, etablierte es sich sowohl in der Soziologie als auch der Religionssoziologie zu einem tragenden Konzept für die Entschlüsselung sozialer

© Springer Fachmedien Wiesbaden GmbH, ein Teil von Springer Nature 2019
M. Roslon, *Konsumrituale als strategisches Marketinginstrument,* essentials,
https://doi.org/10.1007/978-3-658-26502-1_1

Prozesse. Bei einer Ausweitung des Ritualbegriffs auf profane, nicht-religiöse Praktiken kann demnach von Konsumritualen gesprochen werden, wie die oben angeführten Beispiele aufzeigen. Insofern stellen Konsumrituale einen Ausschnitt der (Konsum-)Soziologie dar, welche das soziale Handeln – und hier insb. Prozesse des Konsumierens – „deutend verstehen und ursächlich erklären" (Weber 1976, S. 1) können.

Das Verständnis von Konsumpraktiken ist für (Wirtschafts-)Unternehmen bzw. korporative Akteure (u. a. Non-Profit Organisationen, politische Parteien, etc.), die erfolgreich am Markt agieren wollen, von besonderer Relevanz. Die Gestaltung und Ausrichtung der kommunikativen Maßnahmen stellt den Versuch dar, die Konsumpraktiken der Kunden zu beeinflussen. Diese Anstrengungen werden kaum erfolgreich sein, wenn das Unternehmen lediglich eine Inside-Out-Perspektive einnimmt, d. h. seine eigenen Stärken und Kompetenzen reflektiert, eine Unternehmensidentität formuliert und diese vermittelt (Burmann et al. 2015). Die Grundlage erfolgreicher Kommunikation stellt eine Outside-In-Perspektive dar, bei der die lebensweltlichen Praktiken der Kunden in die strategischen und operativen Planungen integriert werden. Auf diese Weise kann es gelingen, Produkte mit einer Bedeutung zu versehen, welche sich mit der Bedeutungszuweisung des Konsumenten deckt und auf diese Weise Begehrlichkeiten erweckt (Rommerskirchen 2015).

Die Aufgabe der Konstruktion symbolischer Produktbedeutungen kommt klassischerweise dem Marketing zu. Dieses hat die Aufgabe, das Konsumentenverhalten in Richtung der Unternehmensziele zu steuern (Bruhn 2001, S. 14). Einer derartigen Marketingperspektive steht eine konsumsoziologische Perspektive gegenüber, welche die Markenwahrnehmung aus Sicht der Konsumenten untersucht. Aus letzterer Perspektive können Konsumhandlungen abseits der Steuerungsprozesse von Unternehmen beobachtet werden: Konsumsubjekte können eigenständige Bedeutungsmuster, Handlungspraktiken oder sogar (Konsum-)Rituale für Marken oder Produkte etablieren. Die Analyse des Konsumentenverhaltens kann für die Ausrichtung kommunikativer Maßnahmen genutzt werden, um diese an den alltäglichen Bedeutungsstrukturen auszurichten (Holt 2004; Cova 1996; Firat und Venkantesh 1993). Im Hinblick auf handlungspraktische Zusammenhänge in der Lebenswelt des Kunden – und hier mit besonderem Blick auf rituelle Prozesse – geht es in dem vorliegenden Beitrag darum, wie die rituellen Prozesse aufseiten der Konsumenten identifiziert, klassifiziert und für Marketingmaßnahmen nutzbar gemacht werden können.

Für Kunden können Rituale eine enorme Bedeutung aufweisen, da Menschen sich gerade diese nicht gerne abgewöhnen wollen, da sie Sicherheit und Stabilität vermitteln (Greenberg 2007). Eine Veränderung von Ritualen kann daher schnell zu Verängstigung oder Verärgerung führen und sogar die Identität des rituellen Subjekts berühren. Darüber hinaus, so konnten Vohs et al. (2013) in einer experimentellen Studie nachweisen, seien Kunden bereit für Produkte, die rituell konsumiert werden, mehr zu zahlen. Das beträfe Studien zufolge nicht nur Genussmittel wie Schokolade, sondern sogar Karotten.

Das Thema der Konsumrituale ist im deutschsprachigen Raum – im Unterschied zum englischsprachigen Diskurs – bisher kein wesentlicher Bestandteil der wissenschaftlichen Erforschung des Konsumentenverhaltens. Englischsprachige Studien finden sich bei Otens und Lowery (2004), Vohs et al. (2013), Amati und Pestana (2015), Schiele und Ücok Hughes (2013), Stanfield Tetreault und Kleine (1990), Rook (1985), McCracken (1986), Holt (1992), de Waal Malefyt (2015), Coman und Sas (2016) sowie Solomon (2012) als englischsprachiges Lehrbuch. Im deutschsprachigen Diskurs ist das Thema hingegen kaum behandelt. Dies ist misslich, da korporative Akteure davon ökonomisch profitieren können, wenn Ihre Produkte im Rahmen des Konsumentenverhaltens zum Bestandteil von Ritualen avancieren.

Grundsätzlich wird die Debatte über das Konsumentenverhalten vornehmlich aus Perspektive der naturwissenschaftlich erklärenden Ansätze geführt, die punktuell um Erkenntnisse aus den geisteswissenschaftlich verstehenden Ansätzen ergänzt werden (Kroeber-Riel und Gröppel-Klein 2015, S. 24 ff.). Eine Analyse sozialer Praktiken, wie bspw. Rituale, stellt indes ein genuin soziologisches Thema dar, welches aus einer dezidiert konsumsoziologischen Perspektive analysiert werden muss. Während die erklärenden Ansätze eher die innerpsychischen Verarbeitungsprozesse externer Stimuli analytisch fokussieren, behandelt die Konsumsoziologie jegliche alltäglichen und außeralltäglichen Sozialhandlungen im Umgang mit Konsumgütern (Hellmann 2013). Eine These des vorliegenden Textes lautet, dass das Verständnis sozialer Prozesse relevante *Consumer Insights* liefert, welche von Unternehmen strategisch zur Optimierung kommunikativer Anstrengungen genutzt werden können. Dies haben u. a. Firat und Venkantesh (1993) bzw. Cova (1996) im Rahmen des postmodernen Marketings oder Holt und Cameron (2010) in ihrem Ansatz des *Cultural Branding* ausformuliert. Letzterer Marketingansatz geht davon aus, dass gesellschaftliche Trends, Stile aber auch Sorgen und Ängste aufseiten der Konsumenten durch Konsumpraktiken bearbeitet würden (Holt 2004, S. 6). Marken können dieses Potenzial nutzen, um durch Marketingaktivitäten einen mythischen Status zu erreichen. Dieser Mythos könne dann bei den Konsumenten zu rituellen Performanzen führen (Holt 2004, S. 14).[1]

Damit Unternehmen Konsumrituale identifizieren und von diesen profitieren können, ist von entscheidender Relevanz, dass der Begriff der *Konsumrituale* trennscharf von bloßen Konsumhandlungen und – praktiken abgegrenzt wird. Es gilt zu klären, ab wann Konsumprozesse in den Stand eines Rituals erhoben werden können, sind doch Rituale spezifische Unterfälle sozialer Handlungen bzw. Praxisprozesse. Darüber hinaus ist hier zu prüfen, inwiefern die terminologische Erfassung eines Phänomens als Konsumritual gerechtfertigt werden kann. Anders ausgedrückt: Es gilt zu hinterfragen, wann der Terminus des Rituals aus wissenschaftlicher Perspektive angemessen ist, um die Handlungen, die Konsumenten durchführen, als Rituale bezeichnen zu können bzw. dürfen. Im Sinne Reichertz sind die Handlungen von (Konsum-)Subjekten als Ausdruck ihres abgelagerten Wissensbestandes zu begreifen, die es aus Sicht der Wissenschaft zu (re-)konstruieren gilt, um den Protagonisten mit guten Gründen zu unterstellen, dass sie ein Ritual durchführen (Reichertz 2013a, S. 520). In einem alltagssprachlichen Verständnis mögen die oben exemplarisch angeführten Sozialhandlungen wie ein Ritual erscheinen, doch ist stets kritisch zu reflektieren, ob es hinreichend gute Gründe für eine derartige Klassifizierung gibt. Erst wenn ein Verständnis für die trennscharfe Identifizierung sozialer Phänomene vorliegt, ist es Unternehmen möglich, ihre kommunikativen Anstrengungen zielgerichtet und effizient an die Marktbedürfnisse anzupassen. Die Klärung dieser Aspekte muss schließlich mit den bereits existierenden Ansätzen und Modellen über Konsumrituale abgeglichen werden, die bereits im wissenschaftlichen Diskurs existieren. Die Frage des vorliegenden Bandes lautet daher, inwiefern soziale Konsumhandlungen – aus guten Gründen – als Rituale identifiziert werden und korporative Akteure ihrerseits Nutzen aus dem Wissen über rituelle Konsumpraktiken ziehen können.

Um diese Frage zu beantworten, wird zunächst dargestellt, was als Unternehmenskommunikation verstanden wird und unter welchen soziohistorischen Bedingungen das Phänomen der Konsumrituale gegenwärtig von Relevanz für die

---

[1]Die Beziehung zwischen Mythen und Ritualen dominiert die frühe, epistemische Phase des Ritualdiskurses (Roslon 2017, S. 77 ff.). Eliade (1957) geht davon aus, dass das Ritual der Ausdruck eines Mythos ist. Im Gegensatz dazu geht die sozialkonstruktivistische Perspektive davon aus, dass erst in verständigungsorientierten rituellen Praktiken Mythen performativ hervorgebracht werden. Insofern drücken nicht Rituale den Mythos aus, sondern bringen diesen erst hervor.

Unternehmenskommunikation ist. Anschließend wird der Ritualbegriff ausgeführt und im Rahmen von Konsumpraktiken theoretisch fundiert. Zudem werden die dominierenden Konsumrituale kritisch reflektiert um eine eigenständige Terminologie vorzuschlagen, welche anhand von Beispielen erläutert wird. Um Konsumrituale identifizieren zu können und für die Unternehmenskommunikation nutzbar zu machen, werden schließlich geeignete Forschungsmethoden vorgestellt und bekannte Fallbeispiele vorgestellt, bei denen Konsumrituale erfolgreich in die Unternehmenskommunikation eingebunden worden sind.

Die Gunst der Stunde: Unternehmenskommunikation im Konsumkapitalismus

2

In spät- bzw. postmodernen kapitalistischen Gesellschaften sind Konsumhandlungen ein wesentlicher Bestandteil der sozialen Alltagswelt (Jäckel 2004). Es findet eine Verflechtung von Kultur und Kapitalismus statt, welche für die Unternehmenskommunikation eine Herausforderung darstellt, da Marken bzw. Produkte *nicht* vornehmlich aufgrund ihrer Funktionalität, sondern aufgrund ihres symbolischen Bedeutungsgehalts konsumiert werden. Dieses Phänomen wird gemeinhin als Kulturkapitalismus bezeichnet (Rifkin 2000, S. 19 f.): „[T]he image does not represent the product, but [...] the product represents the image" (Firat und Venkantesh 1993, S. 244).

Die Aufgabe der gegenwärtigen Unternehmenskommunikation besteht darin, Marken bzw. Produkte zu einem relevanten Bestandteil der lebensweltlichen Perspektive von Konsumenten zu machen, d. h. symbolische Bedeutungen kommunikativ zu steuern und zu vermitteln (Schmid und Lyczek 2008). Rituale können hierbei eine herausgehobene Rolle spielen, da sie die leibhaftige Erfahrung von Markenwelten und symbolischen Bedeutungsstrukturen ermöglichen. Um dies zu plausibilisieren, wird zunächst der Stellenwert von Konsumritualen im Rahmen der Kommunikation korporativer Akteure bestimmt. Anschließend muss das Phänomen der Konsumrituale als soziale Praxis bestimmt werden.

2.1 Der Konsumkapitalismus in der Spätmoderne

Für eine konsumsoziologische Betrachtungsweise ist es zielführend, die Moderne als historische Epoche zu verstehen, die durch Produktions- und Konsumtionsprozesse gekennzeichnet ist (Marx 2009). Güter werden für einen Massenmarkt industriell produziert und anschließend konsumiert, d. h. gekauft, verwendet und in ihrer Bedeutung kreativ verändert (Hall 2004; McCracken 1988, S. xi). Konsum umfasst daher „sämtliche Verhaltensweisen, die auf die Erlangung und private Nutzung wirtschaftlicher Güter und Dienstleistungen gerichtet sind" (Wiswede 2000, S. 24). Insofern stellt Konsum als Handlungspraxis des Konsumenten keinen linearen, zielgerichteten Prozess dar, sondern ist als dynamischer und mehrphasiger Prozess zu begreifen, der den eigentlichen Kauf, aber auch die vorhergehende Entscheidungs- sowie die anschließende Verwendungsphase und ggf. Entsorgung einschließt und mitunter kreative und widerspenstige Elemente beinhalten kann. Hellmann (2010, S. 179) beschreibt das Forschungsfeld der Konsumsoziologie wie folgt:

> „Die Konsumsoziologie befasst sich tendenziell mit allem, was vor, während und nach der Planung und Tätigung des Erwerbs von Sach- oder Dienstleistungen geschieht. Also nicht nur das Einkaufen wird erforscht, sondern auch das Suchen, Auswählen, Ausprobieren, Mitnehmen, Einlagern, Gebrauchen, Verbrauchen und Entsorgen irgendwelcher Sach- oder Dienstleistungen, einschließlich aller Aktivitäten, die sich im Umfeld dessen abspielen mögen, wie Vorzeigen, Angeben, Mitteilen, Teilen, Ausleihen, Verschenken, Neiden usw."

Konsum stellt ein modernes Phänomen dar, allerdings bedarf der Begriff der Moderne einer Erläuterung. Die historische Epoche, die als Moderne bezeichnet wird, hat im Verlauf ihrer Genese einen strukturellen Bruch erfahren: Es handelt sich um den Umbruch von der Ersten in die Zweite Moderne, wobei letztere auch gerne als reflexive Moderne, Spät- oder Postmoderne bezeichnet wird, was nachfolgend erläutert wird (Beck et al. 2001). Da sich mit diesem Strukturbruch innerhalb der Moderne die Konsumpraktiken und deren Relevanz für die Konsumsubjekte wandeln, gilt es, die Kennzeichen der jeweiligen Etappen der Moderne kurz zu skizzieren, um den heutigen Stellenwert von Konsumritualen abzuleiten.

2.1.1 Die Erste Moderne und die Marginalisierung der Rituale

Die Erste Moderne ist Weber zufolge durch Rationalisierungsprozesse gekennzeichnet. Die industriellen Produktionsprozesse werden hinsichtlich der Gewinnmaximierung und Kapitalakkumulation durchgeführt (Weber 1993, S. 15). Zunehmend wird in modernen kapitalistischen Gesellschaften mehr produziert, als Bedarfe bzw. Bedürfnisse aufseiten der Konsumenten vorhanden sind. Die Rationalisierung ergreift auch Bereiche außerhalb des Wirtschaftssystems. Der

Prozess der Säkularisierung der Alltagswelt wird vorangetrieben, indem die Welt des Alltags enttraditionalisiert und ‚entzaubert' wird:

> „Die zunehmende Intellektualisierung und Rationalisierung bedeutet also nicht eine zunehmende allgemeine Kenntnis der Lebensbedingungen, unter denen man steht. Sondern sie bedeutet etwas anderes: das Wissen davon oder den Glauben daran: daß man, wenn man nur wollte, es jederzeit erfahren könnte, daß es also prinzipiell keine geheimnisvollen oder unberechenbaren Mächte gebe, die da hineinspielen, daß man vielmehr alle Dinge – im Prinzip – durch Berechnen beherrschen könne. Das aber bedeutet: die Entzauberung der Welt. Nicht mehr, wie der Wilde, für den es solche Mächte gab, muß man zu magischen Mitteln greifen, um die Geister zu beherrschen oder zu erbitten. Sondern technische Mittel und Berechnung leisten das" (Weber 1988, S. 594).

Der ‚Geist des Kapitalismus' (Weber 1993) greift umfassend um sich, sodass Verschwendung, Entspannung, Spaß und Müßiggang verteufelt werden. In dieser Phase der Moderne herrscht eine strenge soziale Ordnung, welche durch Institutionen aufrechterhalten wird. Institutionen fungieren als Außenstützen des Handelns und sorgen für Orientierung, schaffen Verbindlichkeit und stabilisieren die soziale Ordnung (Berger und Luckmann 2003).

Konsum stellt in dieser Phase – mit wenigen Ausnahmen, wie exemplarisch dem Luxuskonsum bei Veblen (1971) – kein eigenständiges Forschungsfeld dar, sondern wird als Appendix der Produktion verstanden: Da sich in der Produktion die gesellschaftlichen Verhältnisse widerspiegeln, ist Konsum bereits in der Produktion angelegt und kann an dieser abgelesen werden (Schrage 2009, S. 135).

Gleichsam werden heiligen oder magischen Handlungsmustern wie beispielsweise Ritualen in der rationalen Ersten Moderne kaum Bedeutung und Relevanz zugesprochen. Magische, rituelle, spielerisch-verschwenderische Handlungen, die nicht dem Rationalisierungsdispositiv gehorchen, werden nicht als seriöse wissenschaftliche Forschungsfelder betrachtet, wie Huizinga (1956) 1938 bemängelt. Lediglich in archaischen und vormodernen Gesellschaften werden Rituale – verstanden als zentrale Faktoren des sozialen Zusammenhalts und Ausdruck des Glaubens als Bestandteil eines magischen Weltbilds – näher untersucht (Frazer 1922).

2.1.2 Die Spätmoderne und die Wiederkehr der Rituale

Spätestens in den 1960er Jahren findet ein komplexer Bruch der sozialen Struktur statt (Koschel 2008, S. 30 ff.). Es findet eine sukzessive Ablösung von kollektiv verbindlichen Normen statt (Wagner 1995, S. 26): Konsum wird spätestens in dieser Phase zu einer eigenständigen Kategorie, d. h. zu einem zentralen Bestandteil der sozialen Alltagswelt und des sozialen Handelns. Damit einher geht die Emanzipation des Konsumenten in Form kreativer Eigenwilligkeit. Bereits 1955 sieht Riesman (1960) die Vorzeichen dieser Entwicklung, als er die Verflechtung der sozialen Identitätsgenese mit dem Konsum von Marken bzw. Produkten aufdeckt. Die Artikulation der Identität wird unter den Bedingungen der Spätmoderne zunehmend zur Herausforderung. Konsumenten brechen aus vorgefertigten Lebensläufen, aus starren Klassen und Ständen aus – anders ausgedrückt vollzieht sich ein intensiver Individualisierungsschub (Beck 1986). Die Individualisierung zeichnet sich im Hinblick auf Konsumpraktiken vor allem durch die Pluralisierung von Lebensstilen aus. An die Stelle von allgemein verbindlichen Institutionen treten Lebensstile entlang symbolischer und ästhetischer Inszenierungsschemata (Schulze 2005).

Aus konsumsoziologischer Perspektive treten spätmoderne Subjekte als Identitätsmanager auf. Sie müssen in konkreten sozialen Situationen ihre Ausdruckshandlungen steuern, um bei ihrem Gegenüber den gewünschten Eindruck zu hinterlassen (Goffman 2002). Das Identitätsmanagement verläuft in einem Spannungsfeld zwischen sozialer Ein- und Entbettung: Einerseits gilt das Diktum, möglichst individuell zu erscheinen und die dafür zur Verfügung stehenden Gestaltungsspielräume spätmoderner Gesellschaften auszunutzen; andererseits wird Identitätsarbeit ebenfalls im Kollektiv bzw. entlang kollektiver Vorstellungsmuster betrieben und aktiv an sozialen Beziehungsstrukturen gearbeitet (Dahrendorf 1979). Um die daraus resultierenden Spannungen zu verarbeiten, muss das Subjekt die eigene Identität in die Narration eines kohärenten (Selbst-)Bildes überführen (Taylor 1996). Dabei obliegt es ihm, die Verschiedenartigkeit, Vielfalt und eine grundsätzliche Offenheit der Zukunftsperspektive zu bearbeiten. Identitätsarbeit kann als „aktive Passungsleistung des Subjekts unter den Bedingungen einer individualisierten Gesellschaft" (Keupp et al. 2008, S. 60) verstanden werden.

Konsum spielt eine zentrale Rolle bei den Entwürfen des Selbst, bei dem Subjekte bedeutungsvoll aufgeladene Objekte verwenden, um deren symbolische Bedeutung als Bestandteil ihrer Identität auszuweisen (Hall 2004, S. 216). Die symbolische Matrix der Konsum- und Warenwelt bietet vielen Subjekten die Chance auf Orientierung und Selbstverortung (Kühn und Koschel 2010). Lange Zeit ermöglichte das Modell der sozialen Milieus die Erklärung sozialen Handelns entlang kollektiver Orientierungsmuster in individualisierten Gesellschaften. Soziale Milieus stellen relativ dauerhafte Wert- und Orientierungsmuster dar (Hradil 2006, S. 4).

Gegenwärtige Zeitdiagnosen deuten darauf hin, dass Milieus und symbolische Ordnungen schwinden. Stattdessen unterstellen sie schnell wechselnde Trends,

Moden und Stile. Der Stilbegriff umfasst den symbolischen Ausdruck sowie die gesellschaftliche Position einer ganzen Gruppe und bestimmt deren kollektive Identität (Willems 2009). Im Gegensatz zum Milieubegriff kann der Stilbegriff im Hinblick auf dynamische Prozesse eingesetzt werden: Stile stellen keine kohärenten Gebilde dar. Sie können besser als Figurationen (Elias 1971), d. h. dynamische soziale Anordnungen beschrieben werden, welche in praktischen Aushandlungsprozessen münden. Dies geschieht abseits des Einflussbereichs von Unternehmen, sodass der Stilbegriff die Fluidität sozialer Beziehungsstrukturen betont, in welchen Subjekte ihre Identitätsarbeit stets unter Rückgriff auf Stilentwicklungen betreiben (Willems 2009, S. 121). Spätmoderne Subjekte sind demnach nicht lediglich passive Konsumenten. Sie kultivieren eigenwillig Vorstellungsbilder des Selbst und avancieren zum Produzenten von Bedeutungen und sozialer Praktiken (Arvidsson 2005, S. 238 ff.). Dies trägt zu einer dynamischen Entwicklung spätmoderner Gesellschaften bei, welche sich durch schnell wandelnde Trends und Lifestyles sowie die Erfahrung von Kontingenz auszeichnet (Wagner 1995, S. 226; Luhmann 1992). Kontingenz entsteht vor allem, da Institutionen wie bspw. die Religion im Vergleich zur Ersten Moderne ihre Relevanz als Sinnstifter eingebüßt haben (Beck 1986, S. 115). An die Stelle der großen Institutionen treten Stilgemeinschaften, um die soziale Einbettung zu ermöglichen. Diese Gemeinschaftsgebilde formieren sich um verschiedene Themen und nicht selten wird unterstellt, es handele sich um Markengemeinschaften bzw. Brand Communities.

Maffesoli (1995) interpretiert diese Stilgemeinschaften, abgeleitet vom Neo-Tribalismus, als postmoderne Stämme, sog. Neo-Tribes. Im Gegensatz zu klassischen Stämmen konzipiert Maffesoli die Neo-Tribes als nicht-dauerhafte Gebilde. Die Konzeption als flüchtige Gebilde hat den Vorteil, dass auf diese Weise der Wechsel der Zugehörigkeiten von Individuen zwischen den Stämmen erklärt werden kann. Die Theorie des Neo-Tribalismus betont die Sehnsucht und das Bedürfnis nach gemeinschaftlichen Erlebnissen, ohne jedoch das Bedürfnis nach festen Strukturen und Gruppenzugehörigkeiten zu postulieren. Ein Neo-Tribe ist demzufolge keine Gruppe, denn er beruht nicht auf Werten, Normen oder rationalen Argumenten, sondern auf „Gefühlsversprechungen" (Keller 2008, S. 103).

Das Modell der Neo-Tribes ist geeignet, um das Phänomen spätmoderner Stilgemeinschaften zu erfassen, die sich durch gemeinsame unproduktive und rauschhafte Verausgabungen auszeichnen. Die Zusammenkünfte von Neo-Tribes können als rituelle Phänomene bezeichnet werden, da es sich um kollektive Massenphänomene handelt, welche die Individualität der Teilnehmenden vorübergehend ausblendet. Durch das Tragen bzw. Konsumieren von Masken und

(Kollektiv-)Symbolen werden die Individuen gleichsam zum Bestandteil einer größeren (sub-)kulturellen Bewegung. Diese kulturellen Formationen sind nämlich keine politischen Bewegungen, wie Bennett (1999) betont, sondern können vielmehr als Konsumgemeinschaften bezeichnet werden. Diese Formationen können ebenso schnell verschwinden, wie sie erscheinen. Da die Bewegungen der emotionalen Bedürfnisbefriedigung dienen, wandern postmoderne Subjekte nomadenartig zwischen den Stämmen und lassen sich treiben wie ein „Rolling Stone" (Keller 2008).

Diese Vergemeinschaftungsformen müssen nicht zwingend lokal begrenzt sein. Muniz und O'Guinn (2001, S. 417) definieren Markengemeinschaften als „a specialized, non-geographically bound community, based on a structured set of social relationships among admirers of brands". Die Zugehörigkeit zu diesen Gemeinschaften mitsamt einer sozialen Identität wird demnach über Konsumpraktiken hergestellt. Sicherlich ist der Gedanke an nicht-territoriale Markengemeinschaften zutreffend, auch in Anlehnung an die einleitenden Ausführungen, dass moderne Subjekte ein Bedürfnis nach der Erfahrung von Gemeinschaftlichkeit haben, zutreffend. Zudem ist auch empirisch belegbar, dass gemeinschaftliche Gebilde sich Marken herum evolvieren. Fraglich ist jedoch, ob und inwieweit der Begriff der ‚Gemeinschaft' angemessen ist, um die sozialen Gebilde, die um Marken herum entwickelt werden, zu erfassen (Hellmann 2013, S. 127 ff.). Denn der Begriff der ‚Gemeinschaft' ist voraussetzungsvoll: Er erfasst konkret abgrenzbare Kollektive, die eine gemeinsame emotionale Basis aufweisen (Hellmann 2013, S. 129). Gemeinschaften sind gerade keine anonymen Gesellschaften (Tönnies 2005). In Gemeinschaften stehen Gemeinschaftsmitglieder im direkten sozialen Kontakt zueinander und erfahren soziale Inklusion sowie ein unmittelbares Wir-Gefühl, aus dem Solidarität entsteht.

Als alternative Variante des Zusammengehörigkeitsgefühls in Zeiten der Individualisierung schlagen Hitzler, Honer und Pfadenhauer (2007, S. 10) das Konzept der posttraditionalen Gemeinschaft vor. Dieses geht davon aus, „dass sich Individuen kontingent dafür entscheiden, sich freiwillig und zeitweilig mehr oder weniger intensiv als mit anderen zusammengehörig zu betrachten, mit denen sie eine gemeinsame Interessenfokussierung haben bzw. vermuten". Dieser Bestimmung zufolge können posttraditionale Vergemeinschaftungen als lockere „Gesellungsgebilde" (Hitzler et al. 2010) verstanden werden, die dem Anspruch gerecht werden, dass sich Subjekte nicht nur als Bestandteil einer Gruppe verstehen wollen, sondern gleichzeitig autonom und individuell agieren können: Dies erlaubt es ihnen, ihre Individualität auszuleben. Das Konzept der posttraditionalen Gemeinschaft geht nicht davon aus, dass sich Gemeinschaftsgebilde aufgrund rationaler Argumente formieren, sondern dass es sich um emotionale und ästhetische Formen bzw. Formationen von Gemeinschaft handelt. Diese mögen thematisch fokussiert sein, stellen vordergründig jedoch Stilisierungs- und Inszenierungsgemeinschaften dar (Hitzler et al. 2007, S. 12, 18). Die gegenwärtige Konstitution des Kapitalismus kann aufgrund seiner Orientierung am Stil auch als Lifestyle-Kapitalismus bezeichnet werden (Misik 2007, S. 12). Konsum orientiert sich dabei an der kulturellen Bedeutung, bei dem das Produkt als Manifestation des Symbols fungiert (Cova 1996, S. 22). Damit gerät die symbolische Bedeutung eines Produkts in die Sphäre kultureller Bedeutungsaushandlung (Geertz 1987). Die postmoderne Kulturlandschaft stellt eine ausgeprägte Erlebniswelt dar: Spätmoderne Subjekte sind auf der Suche nach emotionaler Bedürfnisbefriedigung und einer spezifischen Erlebnisqualität. Schulze unterstellt modernen Subjekten, hedonistisch veranlagt zu sein und Angst vor Langeweile zu haben. Dementsprechend treffen sie Konsumentscheidungen häufig auch vor dem Hintergrund, ob und inwieweit die Wahlalternativen einen erwartbaren Erlebniswert bieten (Schulze 2005, S. 13). Dies bezeichnet Schulze als Erlebnisrationalität, da Subjekte ihre äußeren Konsumhandlungen an inneren emotionalen Erfahrungen orientieren. Die Dimensionen der emotionalen Qualität können durchaus variieren – von Gemütlichkeit über Spaß bis hin zu Spannung. Sie reichen von alltäglichen bis hin zu außeralltäglichen, emotional-ästhetischen Erfahrungen. Auch diese Perspektive stützt die Ansicht, dass diffuse emotionale und stilistische Orientierungen anstelle langfristiger Bindungen treten (Schulze 2005, S. 431 ff.).

Um die Zusammengehörigkeit dieser Gemeinschaft leibhaftig zu erleben bedarf es kollektiver Praktiken. Diese kollektiven Praktiken ermöglichen es den Teilnehmenden, sich als Bestandteil einer Gruppe von Gleichgesinnten zu erfahren. Häufig werden diese Kollektivpraktiken als Rituale bezeichnet (Muniz und O'Guinn 2001; Hitzler et al. 2007, S. 13; Maffesoli 1979, S. 190, zit. Keller 2008, S. 98), allerdings bleibt dabei häufig unklar, ob und inwieweit diese Terminologie angemessen ist, um die sozialen Praktiken zu erfassen (Hellmann 2013, S. 133). Auch zeigt die Verwendung des Ritualbegriffs, inwiefern sich der Begriff von seiner Verwendung in religiösen Kontexten emanzipiert hat und zu einem wesentlichen Konzept zur Erfassung sinnstiftender Kollektiverfahrungen entwickelt hat (Roslon 2017).

Marken und Produkte fungieren als Identitätsmarker und helfen bei der Inszenierung des Selbst. Sicherheit, Stabilität und soziale Einbettung können durch ritualähnliche (Konsum-)Handlungen gelingen, in welchen symbolische Bedeutungsgehalte in sozialen Kontexten sowohl individuell als auch in intersubjektiven Kontexten lebendig erfahrbar werden: Gemeinsame Erlebnis- und Konsumwelten können posttraditionale Vergemeinschaftungsprozesse in Form von Konsumritualen bedingen und Stilwelten emergieren.

Rituale sind heutzutage ein veritables wissenschaftliches Forschungsfeld, da rituelle Phänomene einen wesentlichen Beitrag zum sozialen Kitt leisten. Sie spielen in spätmodernen Gesellschaften vor allem in außerreligiösen Kontexten häufig eine Rolle. Durch den Wegfall institutioneller Stützen und das Verschwimmen sozialer Milieus entstehen Freiräume des Handelns, welche die Chance auf individuelle Selbstverwirklichung und Orientierung bieten. Dort entstehen Stile, die sich weitgehend der bewussten Steuerung entziehen (Willems 2009, S. 120) – und somit auch der Steuerung durch die Kommunikationsmaßnahmen von Unternehmen. Für Unternehmen ist diese Entwicklung hin zu gemeinschaftsstiftenden und erlebnisorientierten Konsumenten Fluch und Segen zugleich: Einerseits bietet diese unbewusste Sehnsucht die Chance, Produkte emotional aufzuladen, um den ästhetischen Ansprüchen der Konsumenten gerecht zu werden und zudem gemeinschaftskonstituierend zu wirken – andererseits bedeutet diese Entwicklung für Unternehmens- bzw. Markenkommunikation eine Herausforderung. Dies wird im Folgenden genauer ausgeführt.

2.2 Herausforderungen für die Unternehmenskommunikation im Konsumkapitalismus

Unternehmen stehen heutzutage mehr denn je in einem Kommunikationswettbewerb (Bruhn 2009, S. 1). Kommunikation trägt einen wesentlichen Anteil zur Wertschöpfung von Unternehmen bei (Schmid und Lyczek 2008): Die zentrale Aufgabe der Unternehmenskommunikation besteht darin, die eigene Marke sowie die Produkte auf gesättigten Märkten eindeutig zu positionieren und sie in den Köpfen der Kunden zu verankern (Esch 2012, S. 79 ff.). Die Gestaltung und Kombination der Kommunikationsmaßnahmen zielt demnach nicht (ausschließlich) darauf ab, den funktionellen Nutzen von Konsumgütern, sondern deren symbolischen Bedeutungsgehalte zu kommunizieren (Schmid und Lyczek 2008). Als effizientes Instrument der erlebnisorientierten Unternehmenskommunikation hat sich die Event- bzw. Livekommunikation etabliert, da diese erfahrungsgesättigte Momente bei Konsumenten evozieren kann, in denen Marken und Produkte nicht lediglich kognitiv, sondern auch emotional erfahrbar werden. Mit anderen Worten: Auch Unternehmen haben *ritualähnliche* Kommunikationsmaßnahmen für sich entdeckt.

2.2.1 Unternehmenskommunikation – Der Verkauf von Symbolen und Lifestyle

Die Unternehmenskommunikation strebt in der Spätmoderne das Ziel an, einem physischen Produkt, dem sog. „Produkt 1" (Schmid und Lyczek 2008, S. 51), eine symbolische Bedeutung zuzuschreiben. Diese symbolische Bedeutung wird als „Produkt 2" bezeichnet (Schmid und Lyczek 2008, S. 55 ff.). Marken oder Produkte mit einer Bedeutung zu versehen stellt eine Aufgabe dar, die nur schwerlich erfolgreich sein kann, ohne dass die lebensweltliche Perspektive der Konsumenten bei der Bedeutungsgenerierung berücksichtigt wird (Schmid und Lyczek 2008, S. 55). Wie im vorangegangenen Kapitel geschildert wurde, stellen diese lebensweltlichen Orientierungen insbesondere die ästhetischen und erlebnisorientierten Vergemeinschaftungsgebilde dar, in denen moderne Subjekte ihr Bedürfnis nach Sozialität nachgehen und ihr Selbst stilistisch inszenieren.

Rommerskirchen bestimmt daher die Aufgabe der Unternehmenskommunikation bzw. der Kommunikation korporativer Akteure wie folgt:

> „Korporative Kommunikation ist demzufolge eine soziale Praxis mit dem Ziel, über relevante Symbole positive Haltungen […] und Zugehörigkeiten […] in den lebensweltlichen Wahrnehmungsperspektiven der Akteure […] zu schaffen. Der Fokus der wissenschaftlichen Untersuchung als erklärendes Verstehen von Phänomenen der korporativen Kommunikation und ihrem Sinnzusammenhang als sozialer Sinn liegt daher auf den Interaktionen aller Akteure und Interpretationsprozessen aller Zeichen […]" (Rommerskirchen 2015, S. 15).

Unternehmenskommunikation erschöpft sich dergestalt nicht darin, Werbebotschaften emotional oder rational zu vermitteln – vielmehr findet eine Orientierung an der Lebenswelt des Kunden, den Zielgruppen und den individualisierten Konsumsubjekten statt. Im Konsumkapitalismus vermischen sich Kultur und Konsum in Form des Lifestyle-Kapitalismus: Dinge werden bedeutungsvoll aufgeladen und sie symbolisieren Lifestyle – dieser wiederum erweckt Symbole zum Leben.

Unternehmen können Ortmann (2011, S. 362 ff.) zufolge als Identitätsstifter der Moderne fungieren, indem sie die Leerstelle füllen, welche die Institutionen bei ihrem Rückzug hinterlassen haben (vgl. Abschn. 2.1.2). Ortmann spricht ihnen somit enorme Macht zu:

> „Sie [die korporativen Akteure; Anmerkung des. Verf.] sind aber auch die wichtigsten Sender und Anerkenner der Identität, und zwar der Identität ihrer Mitglieder, anderer individueller Akteure und nicht zuletzt eben auch anderer Organisationen als korporativer Akteure" (Ortmann 2011, S. 374).

Weiter heißt es: „Organisationen sind die modernen Fabrikationsstätten der Identität" (Ortmann 2011, S. 377 f.). Eine derartige Position sollte zumindest kritisch hinterfragt werden: Sicherlich können korporative Akteure als kommunizierende Entitäten verstanden werden, es stellt sich jedoch die Frage, inwiefern sie in der Lage sind, die Konstruktion der sozialen Wirklichkeit mitzugestalten. Identität wird in sozialen Beziehungen gestiftet, jedoch ist zu klären, inwiefern korporative Akteure dazu in der Lage sind, identitätsstiftende Beziehungen durch kommunikative Akte zu ihren Kunden zu etablieren. Im Gegensatz zu sozialen Beziehungen zwischen zwei autonomen Subjekten ist die Beziehung eines Individuums zu korporativen Akteuren lediglich einseitig: Es handelt sich um parasoziale Beziehungen (Horton und Wohl 1956). Parasoziale Beziehungen sind einseitig etabliert und existieren lediglich in der Wahrnehmungsperspektive der Konsumenten. Dies gilt, insofern Konsumenten die Kommunikationsmaßnahmen und -anstrengungen korporativer Akteure auch als solche begreifen, da sie als solche gerahmt sind (Goffman 1982, S. 45 ff.).

Der Prozess der Identitätsgenese vollzieht sich aus soziologischer Perspektive im sozialen Umfeld. Sicherlich ist es richtig, dass korporative Akteure Deutungsangebote über die soziale Wirklichkeit zur Verfügung stellen, indem sie Subjekten Anleitungen zur Selbstdeutung und Selbstverwirklichung an die Hand geben (Hahn 1982). Diese stellen den Konsumenten diskursiv symbolische Deutungsangebote zur Verfügung, weshalb mit Newcomb und Hirsch (1986) bei korporativen Akteuren von Symbolverkäufern gesprochen werden kann. Newcomb und Hirsch entlehnen den Begriff des Symbolverkäufers von Sahlins und wenden ihn zunächst auf die Medien an:

> „Sie [die Medien; Anmerkung des Verf.] sind kulturelle Sinnproduzenten (,bricoleurs'), die durch die Kombination von sehr unterschiedlichen, bedeutungsgeladenen Kulturelementen neue Sinngehalte aufspüren und schaffen. Sie reagieren mit hoher Sensibilität auf konkrete Ereignisse, auf den Wandel gesellschaftlicher Strukturen bzw. Organisationsformen oder auf Veränderungen in Einstellungen und Wertvorstellungen. Auch technologische Innovationen wie die Einführung von Kabelkommunikation oder die Nutzung von Videorecordern sind für sie wichtige Anstöße. Wir schließen Fernsehproduzenten in Sahlins Katalog von ,Symbolverkäufern' ein, denn auch sie verfahren nach demselben Grundrezept, übrigens genauso wie Fernsehautoren und, in geringerem Maße, Regisseure bzw. Schauspieler. Gleiches gilt für Programmplaner und Anstaltsleitungen, die über den Ankauf, die Herstellung und die Ausstrahlung von Programmen zu entscheiden haben. Sie alle fungieren in den verschiedenen Phasen dieses komplexen Prozesses als Sinnvermittler" (Newcomb und Hirsch 1986, S. 180).

Übertragen auf korporative Akteure stellen die Planung, Gestaltung und vornehmlich mediale Verbreitung kommunikativer Botschaften im bisher entwickelten

Verständnis von Unternehmenskommunikation ebenfalls einen Prozess des Symbolverkaufs dar. Dieser Prozess erschöpft sich heutzutage jedoch nicht darin, Symbole lediglich mit Bedeutung aufzuladen, sondern diese leibhaftig erfahrbar zu machen. Vonseiten der korporativen Akteure werden zu diesem Zweck Events organisiert.

2.2.2   Eventkommunikation – oder die leibhaftige Erfahrung symbolischer Gehalte

Als ein Baustein erfolgreicher Markenkommunikation hat sich in den vergangenen Jahren die Eventkommunikation im Rahmen der Live-Aktivitäten (Kirchgeorg und Ermer 2014) erwiesen. Marken sind durch Events nicht darauf beschränkt, sich dem Kunden symbolisch zu präsentieren, sondern können sich erleb- und erfahrbar inszenieren (Lipp 2000). Spätmoderne Subjekte weisen ein ausgeprägtes Bedürfnis nach derartigen erfahrungsgesättigten Momenten in verschiedenen Lebensbereichen auf (Schultze 2005; Abschn. 2.1.2), die als ritualähnliche Praktiken begriffen werden können (Knoblauch 2000). Die Marktbedingungen verlangen demnach kommunikative Anstrengungen von den Unternehmen, um diese Erfahrungswelten zu kreieren.

Ein Event kann definiert werden als „ein temporär inszeniertes Ereignis, das sich an unternehmensinterne und -externe Adressaten richtet [...]" (Kirchgeorg et al. 2009, S. 139). Das Ziel der Eventkommunikation besteht darin, den symbolisch aufgeladenen Bedeutungsraum korporativer Akteure durch multisensuale Inszenierung zu vermitteln. So wird es dem Konsumenten ermöglicht, diesen Bedeutungsraum in kurzen, emotional intensiven und zumeist außeralltäglichen Kollektivprozessen zu erfahren. Events stellen damit die erfahrungsbasierte Steuerungskomponente in der Kommunikation korporativer Akteure dar, welche individualisierte Ansprache und eine hohe Dialogchance mit den Konsumenten bietet (Kirchgeorg et al. 2009) – und welche für die Konsumenten einen Kommunikationsraum für Vergemeinschaftungsprozesse schafft.

Häufig wird unterstellt, dass Events die Rituale der Moderne darstellen bzw. in den Kategorien des Rituals analysiert werden können (Knoblauch 2000, S. 35; Thinius und Untiedt 2013, S. 36; Flath und Jacke 2017, S. 40 ff.; Jahr 2013, S. 68). Dies ist analytisch sinnvoll, allerdings wird in den nachfolgenden Ausführungen terminologisch zwischen Events und Ritualen differenziert: Unter Events sollen die unternehmensseitig organisierten Veranstaltungen verstanden werden, die aus Perspektive der Teilnehmenden bzw. Konsumenten als außeralltägliche Einzigartigkeit erfahren werden sollen (Gebhardt 2000, S. 18 ff.).

Events stellen säkulare Praktiken dar, die langfristig im Dienst ökonomischer Ziele stehen, da es gilt, die Marke bzw. das Unternehmen in der lebensweltlichen Erfahrungswelt des Konsumenten zu platzieren (Sistenich und Zanger 2000). Die Erfahrung der Marke kann also vonseiten eines Unternehmens initiiert und gestiftet sowie in den Kategorien des Rituals analysiert werden. Hierbei stellt sich jedoch die Frage, in welcher Art und Weise Konsumenten die Deutungsangebote der Unternehmen wahrnehmen, interpretieren und in kommunikativen Anschluss-handlungen zur sozialen Identitätsgenese nutzen: Die Analyse der Kommunikation korporativer Akteure sollte eine wirkungs- bzw. verständigungsorientierte Perspektive einnehmen (Roslon 2016; Reichertz 2017).

Als Rituale bzw. Konsumrituale werden nachfolgend diejenigen Praktiken bezeichnet, bei deren Analyse eine konsumentenzentrierte Perspektive eingenommen wird. Aus dieser Perspektive etablieren Konsumenten Beziehungen untereinander und bilden Netzwerke oder sogar Gemeinschaften aus. Innerhalb dieser sozialen Gebilde beeinflussen sich soziale Subjekte und ihre Konsum-handlungen wechselseitig, wobei sie die Angebote, welche korporative Akteure im Rahmen ihrer Kommunikationsanstrengungen verbreiten, kreativ inter-pretieren und abwandeln können – Konsumenten sind aus dieser Perspektive in der Lage, sich der Deutungsangebote zu entziehen und jenseits der Kommuni-kation korporativer Akteure neue symbolische Bedeutungen auszuhandeln. Indi-vidualisierte Konsumsubjekte stilisieren ihr Selbst abseits von Unternehmen, emanzipieren sich von diesen, basteln an sozialen Netzwerken und schaffen mit diesen gemeinsame Erfahrungsräume um Marken und Produkte herum. Diese sol-len als Konsumrituale bezeichnet und nachfolgend näher erläutert werden.

Konsumrituale – Eine moderne Variante von Ritualen?

Der Begriff der „Konsumrituale" ist in der deutschsprachigen Literatur bisher kaum etabliert. Dies ist verwunderlich, da der Begriff in der internationalen Literatur über Konsumforschung durchaus prominent ist und vielfältige Verwendung findet (s. Kap. 1, Einleitung). Darüber hinaus ist dies erwähnenswert, da der Ritualbegriff in der deutschsprachigen Wissenschaftslandschaft ein grundlegender Begriff für die Erklärung und das Verstehen sozialer Prozesse ist (Roslon 2017). Deshalb gilt es, die Erkenntnisse über das rituelle Sozialverhalten mit den Erkenntnissen über Konsumprozesse zusammenzuführen und somit ein tieferes Verständnis sowie ein Begriffsinventar für die Konsumsoziologie zu etablieren: Dies ist notwendig, da der Begriff des „Rituals" im Rahmen der Konsumsoziologie unterschiedlich bestimmt wird (vgl. Abschn. 3.2). Der Vorschlag lautet, den Begriff der Konsumrituale entlang der vielfältigen Ritualbegriffe (vgl. Abschn. 3.1) zu bestimmen und zu differenzieren.

Zunächst wird die Vielfalt der Ritualbegriffe durch eine kurze genealogische Begriffsgeschichte in den Sozial- und Kommunikationswissenschaften dargestellt, anschließend werden die etablierten Begriffe der Konsumrituale vorgestellt sowie kritisch diskutiert, um schließlich einen eigenständigen Vorschlag zur Kategorisierung von Konsumritualen vorzulegen. Schlussendlich gilt es, einen Vorschlag zur Analyse von Konsumritualen zu unterbreiten, um die Erkenntnisse für die Unternehmenspraxis zu generieren.

© Springer Fachmedien Wiesbaden GmbH, ein Teil von Springer Nature 2019   19
M. Roslon, *Konsumrituale als strategisches Marketinginstrument,* essentials,
https://doi.org/10.1007/978-3-658-26502-1_3

3.1   Der Ritualbegriff in den Sozial- und Kommunikationswissenschaften

Der Begriff des „Rituals" hat eine lange Tradition in den Sozial- und Kommunikationswissenschaften. Rituelle Prozesse müssen terminologisch von bloßen sozialen und kommunikativen Handlungen differenziert werden, damit einfache Gewohnheiten oder Routinen nicht fälschlich als Rituale klassifiziert werden. Routinen entstehen überall dort, wo Menschen sich vom Druck der Entscheidung entlasten wollen (Berger und Luckmann 2003, S. 56 ff.). Rituale hingegen stellen spezifische Formen von Entlastungen mit einem hohem Verpflichtungsgrad dar, wie nachfolgend genauer ausgeführt wird. Es gilt, trennscharfe Kriterien für rituelle Prozesse herauszuarbeiten, um soziale Phänomene als Rituale identifizieren zu können. Allerdings ist die Verwendungsweise des Ritualbegriffs im wissenschaftlichen Diskurs nicht einheitlich, sodass zwei unterschiedliche Verwendungsweisen konstatiert werden können: Es kann zwischen Ritualen und Ritualisierungen differenziert werden.

3.1.1   Rituale

Bereits seit 1871 (Tylor 1873) wird der Ritualbegriff zur Erfassung heiliger Handlungskomplexe verwendet. Theoretisch ausgearbeitet und prominent wird er durch die Arbeiten von Durkheim (1981), van Gennep (2005) oder Turner (2005) und umfasst zunächst Kollektivprozesse, durch welche Gläubige die Nähe zu einer transzendenten Macht herstellen. Rituale werden als die wesentlichen Stützen des sozialen Zusammenhalts aufgefasst. Es handelt sich um verbindliche Kollektivprozesse, bei denen Menschen in größeren Gruppen intensive emotionale Erfahrungen durchlaufen und innerlich ergriffen werden (Durkheim 1981).

In der ersten, stark rationalisierten Moderne sind es v. a. die Ethnologen bzw. Ethnografen, die Rituale als heilige Kollektivhandlungen (,Heilige Rituale') in fremden Kulturen oder Religionen untersuchen. In westlich säkularisierten Kulturen werden Heilige Rituale indes kaum untersucht. Im Zuge der Rationalisierung werden Rituale in modernen Gesellschaften lediglich in der katholischen Kirche verortet. Diese Rituale weisen einen Transzendenzbezug auf, d. h. sie vermitteln zwischen der diesseitigen und einer heiligen, jenseitigen Welt (Durkheim 1981, S. 67).

Allerdings können im Verlaufe der Modernisierung semantische Verschiebungen bei der Begriffsverwendung beobachtet werden: Der Ritualbegriff wird zunehmend auf Kollektivprozesse abseits heiliger Handlungen, d. h. auf profane Handlungskomplexe, ausgeweitet. Wesentlichen Anteil an dieser

Begriffstransformation hat Turner (2005) mit seinen Studien an den Rändern moderner Gesellschaften (Kommunen, Hippies). In rituellen Prozessen verlassen Turner zufolge Subjekte ihre Alltagsstruktur und treten in eine Liminal- bzw. Schwellenphase. In der Liminalphase vollziehen die rituellen Subjekte einen Status bzw. Perspektivwechsel, indem die Bedeutungsstrukturen des Alltags außer Kraft gesetzt werden (Turner 2005, S. 128 f.). Ermöglicht wird dies durch eine intensive innere Erfahrung, die an eine Erfahrung der Gemeinschaft gekoppelt sein kann, die „communitas" (Turner 2005, S. 96 ff.). Diese Erfahrungen können bis hin zu exzessiven Verausgabungen reichen, bei denen es zu außeralltäglichen Bewusstseinszuständen kommt. Relevant ist demnach grundsätzlich die Performanz im Ritual, d. h. das Ausdruckshandeln, das eine spezifische Form innerer Erfahrung evozieren kann. Die systematische Desorientierung und das Erlebnis des Gemeinschaftsgefühls in Form von „Spontaneität, Unmittelbarkeit und Konkretheit" (Turner 2005, S. 124) ermöglichen die Erfahrung einer „Anti-Struktur" (Turner 2005, S. 128), die das Subjekt dazu zwingt, neue Ordnungen und sogar Bedeutungsstrukturen zu gestalten (Turner 2005, S. 137 ff.). In der abschließenden Wiedereingliederungsphase vollziehen die rituellen Subjekte Turner zufolge einen Statuswandel: Die Rückkehr in die Struktur des Alltags erfolgt in einer neuen Lebensphase oder gesellschaftlichen Position des rituellen Subjekts (Turner 2005, S. 126). Infolge dieser Studien erwächst in der *scientific community* ein Verständnis dafür, dass Rituale keinen Bezug zu einem Jenseits aufweisen müssen, sondern auch eine Verbindung zum Diesseits aufweisen können. Dies schlägt sich auch in der späteren Forschung über Konsumrituale nieder, von denen sich eine Vielzahl auf die Liminalphasentheorie bezieht (Rook 2004, S. 317). Weisen rituelle Prozesse keinen Transzendenzbezug, sondern stattdessen einen weltimmanenten Bezug auf, kann von Diesseitsreligionen gesprochen werden (Honer et al. 1999).

Das Konzept der Diesseitsreligion geht davon aus, dass Individuen oder Gruppen Rituale einsetzen, um Grenzziehungen zu anderen Individuen oder Gruppen zu betreiben. Dies gelingt, indem in Heiligen Ritualen Symbole – und hierbei kann es sich auch um Artefakte handeln, die bedeutungsvoll aufgeladen werden – genutzt werden, um aus einzelnen Teilnehmenden eine manifeste oder gar virtuelle Vergemeinschaftung zu bilden. Im Gegensatz zu Heiligen Ritualen weisen diesseitsreligiöse Rituale keinen transzendenten Bezug auf: „Gott wird durch die Gruppe selbst ersetzt […]. Die Transzendenz vollzieht sich im – der Erlösungswunsch bezieht sich auf das – Diesseits" (Soeffner 1992, S. 93).

Im Heiligen Ritual vollzieht sich eine kollektive Stilisierung mittels symbolischer Handlungen, die es Gruppen ermöglichen, sich als transzendente Einheit wahrzunehmen, da Symbole als Materialisierung der Gruppe fungieren. Symbole bedürfen keiner rationalen Argumente, sondern stellen anonyme

Kommunikationsmittel dar, die Abwesendes appräsentieren, Intersubjektivität schaffen und somit die Existenz einer imaginierten Gruppe ermöglichen (Soeffner 2004a, 1992). Heilige Rituale sorgen dafür, dass die symbolischen Deutungsgehalte erfahrbar werden. Die Transzendenz vollzieht sich dergestalt zwischen Alter und Ego durch die appräsentierende Funktion der Zeichen.

Für den Einzelnen bedeuten alle Formen von Ritualen Halt und Bewältigung unter unsicheren Bedingungen bzw. im Rahmen der riskierten und individualisierten Zweiten Moderne. Rituale ermöglichen es, Handlungen mit der Achtung vor dem eigenen Selbst auszuführen (Soeffner 1997, S. 263). Bei diesseitigen Transzendenzen kann das Subjekt selbst zum sakralen Gegenstand mutieren (Joas 2011). Dabei können Konsumobjekte helfen, welche in das Ritual eingebunden werden. Sie können dann als symbolisch bedeutungsvolle Objekte zur Transzendenz des Selbst verwendet werden (Joas 2011), während sie zugleich als Repräsentanten und zur Darstellung höherer Ordnungen beitragen.

Gegenwärtig fokussiert der Ritualbegriff vornehmlich die expressiv-performatorische Dimension kollektiver Handlungen, d. h. die Inszenierungs- und Stilisierungskomponente der Teilnehmenden (Wulf 2005). Dieser semantischen Verschiebung liegt die Erkenntnis zugrunde, dass rituelle Performances sich nicht darin erschöpfen, eine symbolische Bedeutung zum Ausdruck zu bringen, sondern dass sie ein Medium zur Wirklichkeitsgestaltung darstellen. Der performanztheoretischen Perspektive geht es somit weniger um die Beantwortung der Frage, aufgrund welcher symbolischer und textueller Elemente die körperlichen Praktiken vollzogen werden, sondern darum, welche Bedeutung die rituellen Subjekte durch ihre körperliche Durchführung hervorbringen. So werden Vergemeinschaftungsprozesse als kommunikative Prozesse verstanden, die sich vordergründig nicht als die Realisierung gemeinsamer Vorstellungen und Einstellungen, sondern entlang sinnstiftender stilistischer Orientierungen vollziehen.

3.1.2   Ritualisierung

Abseits der vorausgegangenen Darstellung findet der Begriff der „Ritualisierung" 1914 durch Huxley (1914, 1966) Einzug in die Ethologie und wird später durch Goffman (1986) und Erikson (1966) in den Sozialwissenschaften prominent. Ritualisierung bezeichnet ein Verhalten, das Tiere und Menschen verwenden, um soziale Beziehungen in alltäglichen Prozessen zu stabilisieren bzw. zu korrigieren, obwohl dieses Verhalten nicht biologisch vererbt, sondern sozial erlernt wurde. Beim Menschen werden darunter die kleinen alltäglichen Ehrerbietungen verstanden, die Menschen dazu verwenden, um soziale Beziehungen auf Dauer zu stellen. Darunter fallen Entschuldigungen, Danksagungen oder Begrüßungen usw. – kurzum handelt es sich um all diejenigen Ausdruckshandlungen, die das persönliche Selbst vor Stigmatisierungen schützen und einen gewünschten Eindruck beim Gegenüber herbeiführen sollen (Goffman 1986, 2002). Erikson ist an der Frage interessiert, wie eine gesunde psychische Entwicklung in gesellschaftlichen Kontexten gelingt. Subjekte müssen Entwicklungsprozesse meistern, während die Gesellschaft moralische Handlungsmuster von ihnen verlangt. Eine erfolgreiche psychische Entwicklung gelingt, indem unterschiedliche Ritualformen vollzogen werden. Diese Ritualformen seien strategisch unterschiedlich ausgerichtet, um das psychophysische Handlungssubjekt über stabile, wiederholte Kollektivpraktiken in den politischen, sozialen und ideologischen, juristischen, dramatischen und formalen Sinn- und Wissenshorizont einer Interaktionsgemeinschaft einzuführen (Erikson 1966, S. 348). Ritualisierung stellt für Erikson den Prozess der Ausführung, Anpassung und Wandlung von interpersonalen Ritualen in einem gesellschaftlichen Setting dar, durch welchen Individuen an die gesellschaftliche Wirklichkeit angepasst werden und die Chance erhalten, eine gesunde und stabile Psyche auszubilden (Erikson 1978, S. 63).

Goffmans Studien über Prozesse der Ritualisierung münden in dem Begriff des „Interaktionsrituals". Interaktionsrituale stellen diejenigen sozial verabredeten Handlungsmuster dar, durch die Subjekte soziale Ordnung (wieder-)herstellen, wenn diese aus den Fugen zu geraten droht: Entschuldigungen, Beschwichtigungen oder Revidierungen (Goffman 1986, S. 97, 104). Aufgrund ihrer Stabilität ermöglichen es Interaktionsrituale einem Akteur, soziale Situationen strategisch zu kontrollieren bzw. wieder unter Kontrolle zu bringen, da sie zu reziprok erwartbaren Anschlusshandlungen führen.

Goffman geht davon aus, dass Interaktionspartner darauf bedacht sind, durch ihren Ausdruck einen spezifischen Eindruck bei ihrem Gegenüber hervorzurufen (Goffman 2002). Der Kontrolle über den Ausdruck kommt eine zentrale Rolle in Goffmans Werk zu, da moderne Individuen Interaktionsrituale nutzten, um ihr „Image" (Goffman 1986, S. 10 f.), also ihren positiven Wert, den sie durch andere beziehen, zu stärken. Goffman zufolge spielen Menschen in Gegenwart anderer stets Rollen, d. h., sie erfüllen Erwartungshaltungen, die an ihre soziale Identität gekoppelt sind. Interaktionsrituale huldigen in besonderer Weise der sozialen Identität. Dies ist für moderne Subjekte von Bedeutung, da das soziale Subjekt in modernen Gesellschaften, in denen die Individualisierung zunehmend voranschreitet, selbst zum Gott geworden ist (Goffman 1986, S. 82): „Kurz, was bleibt sind interpersonelle Rituale" (Goffman 1986, S. 98).

Der Begriff der Ritualisierung kann darüber hinaus für individuelle Handlungsmuster verwendet werden. Hier sei auf Freuds Verwendung des

Ritualbegriffs verwiesen: „Die Zwangsneurose liefert hier ein halb komisches, halb trauriges Zerrbild einer Privatreligion" (Freud 1907, S. 132). Private Rituale entstehen für Freud bei innerseelischen Konflikten und erfüllen die Funktion, die mentale Balance wiederherzustellen. Zwangsneurosen, verstanden als selbstauferlegte Rituale, bearbeiten dergestalt traumatische Ereignisse.

3.1.3 Zwischenfazit

Alle hier beschriebenen Varianten von Ritualbegriffen betrachten Rituale als Prozesse sozialer Ordnungsbildung, indem sie soziale Wirklichkeit und Beziehungen stabilisieren oder Wirklichkeitsausschnitte korrigieren. Sie stellen verbindliche Handlungen dar, die einem klar sequenzierten Ablauf folgen. Rituale stellen, im Gegensatz zu Routinen, einen emotional-ästhetischen, zumeist außeralltäglichen Erfahrungsraum dar, in dem Subjekte eigens kreierte Stile performativ ausdrücken können. Ritualisierungen finden demgegenüber in interpersonalen alltäglichen Handlungssituationen statt. Ritualisierungen stellen Verabredungen dar, die sich zur Verpflichtung etabliert haben: Diese Verpflichtung kann – und hier unterscheiden sich auch Ritualisierungen von bloßen Routinen – selbst oder fremd auferlegt sein. Es stellt sich nun die Frage, welche Begriffe von Konsumritualen bereits existieren und inwiefern die hier vorgestellten Dimensionen ritueller Prozesse berücksichtigt wurden.

3.2   Stand der Forschung über Konsumrituale

Auf den ersten Blick scheint die Zweite Moderne ein geeigneter Nährboden für Konsumrituale, da jegliche Formen von Ritualen unter individualisierten Bedingungen das Bedürfnis nach Stabilität, Sicherheit und sozialer Zugehörigkeit stillen können. Im Diskurs über Konsumrituale wird davon ausgegangen, dass Konsumprozesse kompensatorische Wirkungen erfüllen, sich jedoch nicht in dieser Funktion erschöpfen: Rituale können als durchaus kreativ und produktiv aufgefasst werden. Davon gehen die nachfolgenden Standpunkte aus, die den Diskurs über Konsumrituale maßgeblich beeinflusst haben: Rook initiert den Diskurs der Konsumrituale als profane Handlung 1985, McCracken entwirft 1986 seinen Standpunkt des Kulturtransfers und Holt formuliert 1992 in kritischer Auseinandersetzung mit den vorangegangenen Positionen seinen Standpunkt sakraler Konsumrituale.

Rook verortet 1985 Konsumrituale in der Alltagswelt und analysiert „Ritual behavior in modern everyday life" (Rook 1985, S. 251). Für ihn stellen Konsumrituale profane Handlungen dar, denen eine sakrale Dimension hinzugefügt werden kann, aber nicht muss. Vornehmlich steht Rook in der Tradition von Erikson (Abschn. 3.1.2), der zufolge Rituale Handlungen des alltäglichen Lebens darstellen, welche in den jeweiligen Lebensphasen der Krisenbewältigung zur Verfügung stehen.[1]

Rook definiert Konsumrituale als

> „[…] a type of expressive, symbolic activity constructed of multiple behaviors that occur in a fixed, episodic sequence, and that tend to be repeated over time. Ritual behavior is dramatically scripted and acted out and is performed with formality, seriousness, and inner intensity" (Rook 1985, S. 252).

Diese Perspektive geht davon aus, dass Objekte in dramatische Performances eingebunden werden und überhöhte symbolische Bedeutung erhalten. Er differenziert fünf Arten ritueller Erfahrung: 1) biologisch notwendige Rituale wie zum Beispiel Begrüßungen, 2) persönliche Konsumrituale wie die morgendliche Tasse Kaffee, 3) Rituale in verschiedenen Bezugsgruppen wie der Familie oder Gemeinden, des weiteren öffentliche Konsumrituale, d. h. 4) kulturell verbürgte oder 5) religiös vorgeschriebene Rituale mit magischer Wirkung (Rook 1985, S. 253 ff.).

Exemplarisch untersucht Rook vier konkrete Varianten von Konsumritualen: Körperpflegerituale erfassen den Übergang einer privaten in eine öffentliche Person, Schenkungsrituale huldigen durch ihre aufwendige Verpackung dem Beschenkten, Feiertagsrituale weisen ein Drehbuch auf, das das individuelle Handeln festlegt und auf dieses Weise das Gesamtkonzept einer sozialen Handlung strukturiert, und schließlich begleiten Übergangsrituale den Statuswechsel von Subjekten.[2]

---

[1]Die Sekundärdatenanalyse der verschiedenen Varianten von Konsumritualen von Coman und Sas aus dem Jahre 2016 versucht die These zu stützen, dass Konsumrituale stets vor dem Hintergrund von Eriksons Theorie zu begreifen sind. Anhand ausgewählter Fälle wird auf dies aus den zusammengetragenen Quellen geschlossen (Coman und Sas 2016). Aus der hier vorgelegten Perspektive, der zufolge Rituale in unterschiedlichen Varianten existieren, ist dies als kritisch zu betrachten: Vor dem Hintergrund der theoretischen Vielfalt der Ritualbegriffe ist eine solche Lesart recht eindimensional. Aus Konsumentensicht können stattdessen vielfältige Ritualformen differenziert werden.

[2]Im Anschluss daran wurden vielfältige Phänomene als Konsumrituale begriffen und untersucht. Exemplarisch sind dies Hochzeitsrituale, welche aufgrund der medialen Inszenierung stark durch Konsum geprägt werden (Reichertz 2000), der rituelle Charakter von Feiertagen (u. a. Valentinstag oder Weihnachten) mitsamt deren ökonomischen Effekten (Sezer et al. 2017), oder die Nutzung sozialer Medien wie Pinterest zur Demonstration von Geschmack und sozialer Lage durch mediale Inszenierung (Schiele und Ücok 2013).

Stanfield Tetreault und Kleine (1990) setzen sich kritisch mit Rooks Begriffs-
bestimmung auseinander. Ihre Kritik zielt auf die unzureichende terminologische
Differenzierung zwischen Ritualen, Ritualisierung und Routinen ab, die bereits in
Abschn. 3.1 diskutiert wurde.

Ihnen zufolge unterscheidet sich routiniertes von rituellem Handeln, da Rituale ein höheres Engagement, eine höhere symbolische Dichte und einen Bezug zu
symbolischen Sinnwelten aufweisen, sodass einzelne Subjekte in größere Kollektive eingebunden werden. Des Weiteren sind Rituale veränderungsresistent, was
jedoch nicht ausschließt, dass sie sich über die Zeit transformieren, da sie an sich
wandelnde soziohistorische Bedingungen angepasst werden können, um ihren
Fortbestand zu garantieren. Zudem sind Rituale kollektive Prozesse – dies schließt
jedoch nicht aus, dass sie individuell etabliert werden: Beispielsweise können
einzelne Teile, man könnte sagen sinntragende mikrorituelle Elemente komple-
xerer Rituale, individuell durchgeführt werden, damit der Gesamtkomplex des
Rituals erfolgreich ausgeführt werden kann (Stanfield Tetreault und Kleine 1990).

Des Weiteren unterscheiden sie Rituale von Ritualisierung: Rituale müssen in
größeren Sinn-Zusammenhängen gedacht werden. Sie sind in der Lage, soziale
Wirklichkeiten (Organisationen; Institutionen) zu erhalten und strukturelle Brü-
che bzw. Übergänge zu begleiten (Turner 2005). Demgegenüber weisen Prozesse
der Ritualisierung einen stärkeren Selbstbezug auf: Rituale stellen die Möglichkeit dar, das Selbstbild und die Identität sicherzustellen. Weitere Differenzierun-
gen können der Tab. 3.1 entnommen werden.

Für eine Etikettierung sozialer Handlungen als Ritual bzw. Ritualisierung reicht
es den Autoren zufolge nicht aus, Praktiken als Außenstehender zu beobachten,
sondern es bedarf Einblicke in die Perspektive der beforschten rituellen Subjekte:
Von außen betrachtet können Rituale systemerhaltend wirken, während die Analyse aus der Sicht des rituellen Subjekts die Einsicht zutage fördern kann, dass es
sich um eine Stabilisierung des Selbst im Sinne einer Ritualisierung handelt.

Rituale definieren Stanfield Tetreault und Kleine wie folgt:

> „Ritual is defined as an analytical class of purposive, socially standardized activity
> sequences. Ritual is designed to maintain and transmit both social and 'moral' order:
> to reaffirm social interdependency, by evoking and communicating a network of
> condensed, multivocal and ambiguous affective and cognitive meanings to which
> members of the collectivity may jointly subscribe. Ritual's meanings are conveyed
> through the use of symbolic or metaphorical artifacts (objects, language, actors,
> and behaviors) that are orchestrated into a structured, dramatic complex (episode or
> script) often repeated over time. Ritual is enacted in bracketed social time and/or
> place, wherein time and/or place themselves have meaning" (Stanfield Tetreault und
> Kleine 1990, o. S.).

Tab. 3.1 Ritualisierung und Ritual nach Stanfield Tetreault und Kleine. (Eigene Darstellung in Anlehnung an Stanfield Tetreault und Kleine 1990)

Ritualized Behavior	Ritual
„tidies up" ritual's „unfinished business"	Accomplishes transition and maintenance
‚private' enactment (self and "looking glass self"	Public enactment ($\geq$dyad)
Elements intrapsychally determined	Elements socially prescribed
Mundane repetition across time and place	Bracketed in time and space; repetition over cycle of time
Role assimilation	‚Instateneous' status transition
Behavior-affect-cognition sequence of change	Affect-cognition-behavior sequence of change
Emphasizes the idiosyncratic representation	Emphasizes the collective representation
Occurs in self time	Occurs in social time
Maintain/change one's self conception	Maintain/Change status within a social knowledge or natural system constrained
Constrained be idiosyncratic tradition	Constrained by social mores
Confluence of actor and individual	Distinction between actors and individuals

Im Unterschied zu Rooks Definition zielen Rituale Stanfield Tetreault und Kleine zufolge auf den Erhalt der sozialen Ordnung, während Ritualisierung persönlichen Bezug für die rituellen Subjekte aufweist. Die Ausführungen der Autoren decken sich jedoch dahin gehend, dass Rituale für sie keine heilige Dimension aufweisen müssen, sondern lediglich in religiösen Kontexten ausgeführt werden können.

Eine weitere Theorie der Konsumrituale verfasst McCracken 1986. Er geht davon aus, dass Rituale symbolische Prozesse darstellen, in denen kulturelle Bedeutungen auf Dinge bzw. Objekte übertragen werden und von dort zu den Konsumenten gelangen (McCracken 1986; Abb. 3.1). Der erste Schritt gelingt durch Unternehmenskommunikation wie bspw. Werbung. Die Aneignung der kulturell aufgeladenen Güter kann dann u. a. in rituellen Praktiken vollzogen werden (McCracken 1986, S. 78). McCracken differenziert vier Formen ritueller Bedeutungstransformation. Dinge können in Besitzritualen personalisiert werden, indem sie gepflegt oder manipuliert werden. Alternativ kann die Bedeutung in Tauschritualen wie den Geschenken am Geburtstag oder an Weihnachten transferiert werden. Denkbar ist der Bedeutungstransfer auch in Pflegeritualen, bei

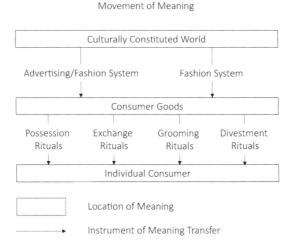

Abb. 3.1 Bedeutungstransfer nach McCracken. (Eigene Darstellung in Anlehnung an McCracken 1986, S. 72)

welchen aus dem Menschen eine öffentliche Person wird. Zu guter Letzt können Waren im Falle eines Besitzerwechsels der alten Bedeutung beraubt und eine neue Bedeutung hinzugefügt werden (McCracken 1986).

McCrackens Ansatz kann als generischer Ansatz begriffen werden. Holt kritisiert, dass die Bedeutungen von Konsumgütern unternehmensseitig festgelegt und dann unilinear transportiert werden (Holt 1992). Diese Bedeutung wird dann lediglich in soziale Rituale integriert. Auch Amati und Pestana (2014, S. 236 ff.) weisen die Vorstellung von McCracken zurück, dass Bedeutungen ausschließlich von Unternehmen generiert werden können. Sie schlagen ein Modell des Bedeutungstransfers vor, bei dem auch Unternehmen bereits existierende Rituale für ihre Kommunikationsmaßnahmen ausnutzen können.

Holt schlägt daher vor, Konsumrituale – aus Sicht des Konsumenten – als Werkzeug der Organisation sozialer Realität zu begreifen: Rituale wandeln ihm zufolge Unordnung in Ordnung, da Konsumenten ihre Rituale als religiöse bzw. magische Handlungen begreifen (Amati und Pestana 2014, S. 236 ff.). Er reserviert den Ritualbegriff, wie die meisten zuvor vorgestellten Standpunkte, als freiwillige Handlungen mit einem hohen sozialen Verpflichtungsgrad, der im Gegensatz zu Ritualisierungen emotional hochgradig aufgeladen ist.

Diesen etablierten Standpunkten soll nachfolgend ein eigenständiger Vorschlag zur Klassifikation von Konsumritualen hinzugefügt werden, welcher die bisherigen Perspektiven und Erkenntnisse integriert.

3.3 Konsumrituale – Ein integratives Verständnis

Die hier vorgelegte konsumsoziologische Perspektive geht davon aus, dass Konsumenten, verstanden als soziale Subjekte, ihre Wirklichkeit und Kultur aktiv in Handlungs- und Kommunikationsprozessen konstruieren (Berger und Luckmann 2003; Keller et al. 2013). In der Spätmoderne sind diese kulturellen Prozesse mit Konsumprozessen verwoben. Dieser Lifestyle-Kapitalismus bietet modernen Subjekten die Möglichkeit, ihre Identität entlang von Konsumprozessen zu artikulieren und individuelle, neuartige und kreative Stile eigenständig zu etablieren und zu formulieren. Stile stellen einen symbolischen Bedeutungshorizont dar, der performativ zum Ausdruck gebracht wird. Im Rahmen dieser Konstruktionsprozesse etablieren Konsumenten eigenständig rituelle Prozesse, welche die symbolischen Bedeutungswelten lebendig erfahrbar machen. Rituale bieten den Subjekten Halt und stabilisieren die soziale Ordnung. Konsumrituale stellen dabei alltägliche und außeralltägliche soziale Handlungen in profanen bzw. diesseitsreligiösen Kontexten dar.

Für die Begriffsbestimmung von Konsumritualen gilt es, die bisherigen Ansätze zusammenzuführen: Dabei wird die terminologische Differenzierung zwischen Ritual und Ritualisierung bei der Begriffsbestimmung berücksichtigt, um dem Umstand der Variabilität ritueller Prozesse Rechnung zu tragen. Die Trennung zwischen Ritual und Ritualisierung stellt dann eine idealtypische Differenzierung von Konsumritualen dar. Ein Idealtypus wird von Weber wie folgt bestimmt:

> Er [der Idealtypus; Anm. des Verfassers] wird gewonnen durch einseitige Steigerung eines oder einiger Gesichtspunkte und durch Zusammenschluß einer Fülle von diffus und diskret, hier mehr, dort weniger, stellenweise gar nicht, vorhandenen Einzelerscheinungen, die sich jenen einseitig herausgehobenen Gesichtspunkten fügen, zu einem in sich einheitlichen Gedankengebilde. In seiner begrifflichen Reinheit ist dieses Gedankenbild nirgends in der Wirklichkeit empirisch vorfindbar, es ist eine Utopie, und für die historische Arbeit erwächst die Aufgabe, in jedem einzelnen Falle festzustellen, wie nahe oder wie fern die Wirklichkeit jenem Idealbilde steht […] (Weber 1904, S. 191).

Der Sinn und Zweck einer idealtypischen Differenzierung besteht darin, trenn-scharfe Begriffe vorzulegen, welche in der Lage sind, soziale Phänomene terminologisch eindeutig abzugrenzen.

Konsumrituale können wie folgt bestimmt werden: Bei Konsumritualen han-delt es sich um profane Handlungskomplexe, die eine zeitliche Verkettung von Einzelhandlungen (‚Mikrorituale‘ als Bausteine ritueller Handlungskomplexe) aufweisen, die in einer sequenzierten bzw. strukturierten Abfolge von den ritu-ellen Subjekten vollzogen werden und bei denen die Abfolge der Einzelhand-lungen vorstrukturiert ist. Sie stellen einen Unterfall ritueller Prozesse dar. Unternehmen können Konsumrituale nutzen, um gesellschaftliche Wissensvorräte und symbolische Bedeutungsgehalte erfahrbar zu machen – dies gilt für mate-rielle und immaterielle Produkte. Diese Bedeutungen können in den rituellen Konsumpraktiken aufseiten des oder der Konsumenten je nach lebensweltlichem Hintergrund umgedeutet werden. In Konsumritualen können die symbolischen Bedeutungsgehalte bzw. Lebensstile leibhaftig erfahren werden. Grundlage für diese Erfahrung ist die innere Ernsthaftigkeit der rituellen Subjekte und der Beteiligung, die sich bis hin zur Ergriffenheit an dem rituellen Prozess erstrecken kann. Diese Bedeutung wird in körpergebundenen Akten performativ ausgedrückt und erfahren. Auf diese Weise wird die Zugehörigkeit zu einer konkreten oder vorgestellten Gruppe expressiv zur Schau gestellt. Konsumrituale regeln der-gestalt soziale Zugehörigkeit, demonstrieren, korrigieren oder reparieren soziale Beziehungen und stabilisieren die soziale Identität des einzelnen rituellen Sub-jekts: die Teilnahme an rituellen Performances weist dem einzelnen seinen Platz in der sozial konstruierten Wirklichkeitsmatrix zu. Dies kann in alltäglichen Akten geschehen, bei denen Konsumenten Akte der ‚Ritualisierung‘ vollziehen und bei denen konkrete soziale Beziehungen oder gar das individuelle Selbstbild stabilisiert werden; oder in außeralltäglichen Handlungskomplexen, welche den ‚Ritualen‘ i. e. S. entsprechen und bei denen größere bis hin zu anonymen Kol-lektiven intensive efferveszente und emotionale Prozesse intersubjektiv erzeugen, d. h. einen gemeinsamen emotionalen Erfahrungsraum miteinander schaffen. Konsumrituale jeglicher Art stellen einen Erfahrungs- und Kommunikationsraum dar, bei dem die Subjekte mit der sozialen Welt verklammert werden, Bindungen etablieren und zyklisch wiederaufleben lassen.

Konsumrituale können aus Perspektive der Konsumenten zwischen den idealtypischen Kriterien der Ritualisierung und des Rituales einerseits und der Alltäglichkeit bzw. Außeralltäglichkeit des rituellen Geschehens andererseits dif-ferenziert werden (Claren 2018). Diese Differenzierung soll an den in der Ein-leitung aufgeführten Beispielen näher erläutert werden: Kaffee, Beauty und Pflege, Familienessen und Festivalbesuche. Bei den nachfolgend diskutierten

Tab. 3.2 Differenzierung von Konsumritualen

	Ritualisierung	Ritual
Alltäglich	Kaffee	Familienessen
Außeralltäglich	Beauty und Pflege	Festival
	→Private Rituale bzw. Interaktionsrituale	→Kollektive Prozesse

Szenarien handelt es sich um Clear Cases, welche die idealtypische Differenzierung der vier Quadranten in Tab. 3.2 näher ausführen. Ersichtlich soll bei der
Erörterung werden, dass die Klassifizierung von Konsumritualen nicht an der
Konsumpraxis selbst festgemacht werden kann – eine wissenschaftliche Klassifizierung von Konsumpraktiken als eine spezifische Variante von Konsumritualen
kann lediglich das Ergebnis einer hermeneutisch-interpretativen Einsicht in die
Bedeutungswelt des Konsumenten sein, die in Kap. 4 ausführlich erörtert wird.

Szenario 1 Wer morgens gerne einen Kaffee trinkt, führt zunächst eine Routine
aus. Was bedarf es, damit der Morgenkaffee den Status eines Rituals erhält? Beim
Kaffeetrinken handelt es sich zunächst um eine individuelle Handlung, die, um
als Ritual begriffen zu werden, hinreichende Eigenschaften ritueller Prozesse
aufweisen muss. Hier sind unterschiedliche hypothetische Szenarien möglich.
Denkbar wäre, dass der Kaffee aus Sicht eines Beforschten Bestandteil eines
Morgenrituals ist, durch den die Nacht beendet und der Tag eingeleitet wird.
Dann würde es sich um ein Übergangsritual zwischen Nacht und Tag handeln.
Ein alternatives Szenario kann den Kaffee in einen größeren Zusammenhang ein-
betten, nämlich als Form einer Marketingstrategie: Der Beforschte könnte schil-
dern, dass er jeden Morgen einen Kaffee bei Starbucks nicht (ausschließlich)
wegen des Geschmacks bzw. der Qualität konsumiert, sondern um das Gefühl zu
haben, Bestandteil einer größeren Gemeinschaft zu sein. In diesem Fall fungiert
der Konsum von Starbucks-Kaffee als Identitätsmarker: Das Konsumsubjekt trägt
den Kaffeebecher als Symbol eines spezifischen Lifestyles. Der Becher mit der
typischen Starbucks-Symbolik fungiert als salientes Markensymbol, das seinen
Besitzer als Mitglied einer posttraditionalen Vergemeinschaftung ausweist. Dieser Lebensstil ist gekennzeichnet durch bestimmte Attribute, die auf den Konsumenten übertragen werden. Diese Konsumenten wollen als mobile, dynamische
und erfolgreiche Personen betrachtet werden, die keine strenge Trennung zwischen Arbeit und Privatleben vornehmen, sondern in einem Dazwischen, dem
sog. „Third Place" (Oldenbourg 1999) agieren. Das Rituelle kann des Weiteren

expressiv werden durch intensiven Konsum des Kaffees oder in kommunikativen Prozessen, in denen das Unternehmen gegen Anfeindungen und Kritik verteidigt wird. Unterstützt wird dieses Ritual von Unternehmensseite durch den Markenauftritt beim Kauf des Produkts: Die markentypische Produktion des Kaffes am *Point of Sale* und die Ansprache des Kunden mit Vornamen unterstützen den Exklusivitätscharakter und den emotionalen Erlebnisaspekt rund um das Starbucks-Universum.

Szenario 2 Das gemeinsame Essen mit der Familie kann eine reine Gewohnheit sein, die in den Stand eines Rituals gehoben wird. Ein Ritual kann bei der arbeitsteiligen Vorbereitung des Essens beginnen: Es gibt eine klare Rollenverteilung beim Einkauf und der Vorbereitung. Dabei ist klar und eindeutig geregelt, wer die Prozesse koordiniert. Auch der Ablauf der Vorbereitung ist in seiner zeitlichen Sequenzierung klar geregelt. Darüber hinaus kann eine feste Sitzordnung vorliegen, die dann mehr als eine Routine ist, wenn sie zugleich den Status bzw. die Identitätsstruktur der Familie ausdrückt: Der Vater sitzt am Kopf des Tisches. Allerdings ist er nicht als Machthaber aktiv, sondern lediglich *primus inter pares,* denn das Essen soll vordergründig nicht das Hierarchiegefälle innerhalb der Familienstruktur repräsentieren, sondern die Familie als Kollektiv konstituieren, das Zeit miteinander verbringt. In dieser Phase sind Störungen von außen, wie das Handy bei Tisch, allerhöchstens geduldet, soll doch der Fokus der Aufmerksamkeit auf dem Hier und Jetzt als Ehrerbietung für die weiteren Familienmitglieder fungieren. Die Zeit dieses Rituals findet zwar im Alltag statt, erhält jedoch einen herausgehobenen Status, in der bestimmte Regeln des Alltags kurzfristig außer Kraft gesetzt werden und das Konstrukt Familie real erleb- und erfahrbar wird.

Szenario 3 Wer jedes Jahr mit Freunden ein Festival besucht, kann mit guten Gründen als rituelles Subjekt verstanden werden. Festivalbesucher verlassen die Alltagswelt und betreten die künstlich geschaffene Welt eines (Groß-) Events. Diese außeralltägliche Welt unterliegt anderen Regeln als der Alltag, denn sie grenzt sich von der rationalisierten und produktionslogisch organisierten Welt des Alltags ab. Bei einem Festival handelt es sich um eine emotional-aisthetische Erfahrungswelt, die bis zu kollektiv-ekstatischen Exzessen und der verschwenderischen Veräußerung reichen kann. Hier kann Gleichheit der Teilnehmenden im Sinne der „communitas" (Turner 2005) beobachtet werden. Festivals beschränken sich jedoch zumeist nicht auf die realen situierten Erfahrungswelten der Teilnehmenden. Vielmehr werden sie durch mediale Kommunikation einerseits virtuell erfahrbar gemacht und andererseits bieten sie die Chance, die communitas als Event-Community zu festigen, um auf diese Weise den Verpflichtungsgrad und Vorfreude für die nächstjährige Teilnahme zu erhöhen.

Szenario 4 In der Literatur werden häufig Schönheits- und Pflegerituale als Beispiele für Konsumrituale angeführt (Rook 1985; McCracken 1986). Zumeist werden dabei die regelmäßigen morgendlichen Beauty- und Pflegeprogramme behandelt, die dazu beitragen, dass Subjekte sich wohlfühlen. Dazu nutzen sie typischerweise immer dieselben spezifischen Produkte. Wäre dies der Fall, handelte es sich lediglich um Routinen. Um als Konsumrituale zu gelten, müssen die Pflegeprodukte fester Bestandteil eines Prozesses der Statusveränderung sein: Sie müssen aus einem Menschen eine Person mit einer spezifischen Identität machen und somit also Bestandteil von Subjektivierungs- und Individualisierungsprozessen sein. Anders ausgedrückt: Sie machen aus einer privaten eine öffentliche Person. Dies kann eine rituelle Handlung sein, die allmorgendlich ausgeführt wird. Ein weiteres Beispiel ist die Nutzung von Beauty- und Pflegeprodukten in Momenten, bei denen sich Männer oder Frauen für außergewöhnliche Anlässe aufhübschen, sei dies für das Ausgehen am Samstagabend oder ein Date.

Die Darstellung dieser fiktiven Cases sollte deutlich gemacht haben, wie sensibel Forschende und Praktiker bei der Untersuchung von Konsumritualen vorgehen sollten. Nur ein tiefes Verständnis der Perspektive der beforschten rituellen Subjekte lässt eine wissenschaftliche Klassifizierung von Konsumprozessen als Rituale zu. Demzufolge gelingt eine strategische Nutzung ritueller Prozesse für die Kommunikation korporativer Akteure nur, wenn Konsumrituale empirisch identifiziert und analysiert werden. Zu diesem Zweck werden nachfolgend methodische Zugänge für die Konsumritualforschung ausgeführt.

Implikationen für die Forschungs- und Marketingpraxis

4

Die spätmoderne soziale Wirklichkeit ist pluralisiert und weist eine Vielzahl differierender Wissensbestände auf (Reckwitz 2008). Daher können Konsumrituale in unterschiedlichen sozialen Lebenswelten auftreten. Dies bietet viel Potenzial für die Konsumritualforschung und die daraus resultierenden Forschungsergebnisse können für zielführende Marketingaktivitäten genutzt werden. Voraussetzung dafür ist eine methodologische fundierte und methodisch angemessene Forschungspraxis, die in der Lage ist, Konsumpraktiken als Rituale zu identifizieren, zu kategorisieren und ihre Komplexität und Vielschichtigkeit nachvollziehen zu können.

Typischerweise wird im Rahmen der Forschungspraxis zwischen quantitativer und qualitativer (Markt-)Forschung unterschieden. Die noch immer dominierende quantitative Forschung vermisst soziale Phänomene entlang vorab selektierter Items und setzt diese in Relation zueinander, um großflächige Zusammenhänge vorherrschender Einstellungen oder Meinungen zu evaluieren. Die qualitative (Markt-)Forschung hingegen wird häufig zur Exploration eingesetzt, um Relevanzstrukturen und Wissensbestände aus Sicht der Konsumsubjekte zu (re-)konstruieren (Buber und Holzmüller 2009).

Die Ausführungen der vier exemplarischen Clear Cases von Konsumritualen haben deutlich gemacht, dass ein Verständnis von Konsumpraktiken als Konsumrituale lediglich als Einzelfallbetrachtung in Form einer dichten Beschreibung (Geertz 1987) aus der lebensweltlichen Perspektive des bzw. der beforschten (Konsum-)Subjekte/s gelingen kann. Es ist schwerlich möglich, rituelle Praktiken entlang von Skalen zu bestimmen – vor allem, wenn das Ziel der Forschung darin besteht, Unternehmen Empfehlungen für die Marketing- bzw. Kommunikationspraxis an die Hand zu geben. Vielmehr gilt es, die jeweils idiografischen rituellen

© Springer Fachmedien Wiesbaden GmbH, ein Teil von Springer Nature 2019   35
M. Roslon, *Konsumrituale als strategisches Marketinginstrument,* essentials,
https://doi.org/10.1007/978-3-658-26502-1_4

Gehalte aus den Konsumpraktiken der Konsumenten zu (re-)konstruieren und unternehmensseitig nutzbar zu machen.

Überzeugend hat Lindstrom (2016) den Mehrwert qualitativer Studien unter dem Begriff „Small Data" aufgezeigt: Die tiefen Einsichten in die Lebenswelt von Konsumenten waren für die Firma Lego ungemein wertvoll. Lindstrom schildert, wie Gespräche im Kinderzimmer eines 11-Jährigen die Einsicht förderten, dass Kinder auch heutzutage noch immer sehr detailverliebt sind und mit beinahe ritueller Hingabe bestimmte spielerische Prozesse vollziehen. Konsumobjekte nehmen dabei häufig den Rang von Trophäen ein, die genutzt werden, um im Freundeskreis Anerkennung zu erhalten: In dem Beispiel von Lindstrom handelt es sich um ein Paar abgewetzte Turnschuhe, die ein Kind bei einem erfolgreichen Skatewettbewerb getragen hatte. Diese Idee der Detailverliebtheit übertrug die Firma Lego auf ihre neuen Produkte, wodurch die Firma Lego wieder erfolgreich am Markt wurde (Lindstrom 2016, S. 10 ff.).

Für die vorliegende Analyse von Konsumritualen sind qualitative Forschungsmethoden geeignet, da sie es erlauben, die Innensicht der Subjekte zu (re-) konstruieren und ein Urteil darüber zulassen, ob es sich bei den beforschten Konsumpraktiken um Routinen, Rituale oder Ritualisierungen handelt. Nachfolgend wird die methodologische Grundlage der qualitativen Forschung kurz erläutert, um anschließend geeignete Methoden vorzustellen.

4.1   Qualitative (Markt-)Forschung

Die Clear Cases in Abschn. 3.3 stellen Handlungen vor, die nur aus Sicht der rituellen Subjekte in den Stand von Ritualen erhoben werden. Das wissenschaftliche Urteil darüber, ob und inwiefern diese Konsumpraktiken echte Konsumrituale darstellen, obliegt jedoch der wissenschaftlich reflektierten Interpretation. Interpretative Forschung fällt unter die qualitativ operierenden Methoden:

> „Der kleinste gemeinsame Nenner der qualitativen Forschungstraditionen lässt sich vielleicht wie folgt bestimmen: Qualitative Forschung hat ihren Ausgangspunkt im Versuch eines vorrangig deutenden und sinnverstehenden Zugangs zu der interaktiv »hergestellt« und in sprachlichen wie nicht-sprachlichen Symbolen repräsentiert gedachten sozialen Wirklichkeit. Sie bemüht sich dabei, ein möglichst detailliertes und vollständiges Bild der zu erschließenden Wirklichkeitsausschnitte zu liefern" (von Kardoff 1995, S. 4).

Qualitative Forschung zeichnet sich dadurch aus, dass sie die Qualität ihres Forschungsgegenstandes erfassen will. Sie geht davon aus, dass die soziale Welt in Akten von Verständigungsprozessen stets intersubjektiv konstruiert wird. In den Verständigungsprozessen erwerben soziale Subjekte Wissen über die soziale Welt, welches sie befähigt, angemessene und adäquate Anschlusshandlungen zu vollziehen (Berger und Luckmann 2003, S. 1). Dieses Wissen steht den Subjekten teilweise explizit, zumeist jedoch implizit zur Verfügung. Der Anspruch der qualitativen Methoden besteht darin, die in den symbolisch codierten Ausdruckhandlungen impliziten Deutungsgehalte methodisch kontrolliert zu explizieren und diese als Beweggründe des egologisch handelnden Subjekt „mit guten Gründen" zuzuschreiben. (Reichertz 2013a, S. 520).

Interpretativ ist diese Forschung, da sie die Schilderungen des beforschten Subjekts systematisch reflektiert:

> „Wer über die Akte der Deutung nichts weiß und sich über ihre Prämissen und Ablaufstrukturen keine Rechenschaftspflicht auferlegt, interpretiert – aus der Sicht der wissenschaftlichen Überprüfungspflicht – einfältig, d. h. auf der Grundlage impliziter alltäglicher Deutungsroutinen und Plausibilitätskriterien" (Soeffner 2004b, S. 53).

Deutende bzw. interpretierende Forschungspraxis ist der Hermeneutik verpflichtet. Die Hermeneutik stellt in der sozialwissenschaftlichen Forschung die *Frage nach der Frage,* auf die eine tatsächliche soziale Praxis von Handlungssubjekten im Alltag die Antwort darstellt (Marquardt 1981).

Für die Analyse komplexer Handlungszusammenhänge wie Konsumrituale, die sich auf materielle und immaterielle symbolisch bedeutungsvolle Analysegegenstände richten, eignet sich ein hermeneutisch-wissenssoziologischer Zugang. Die Hermeneutische Wissenssoziologie ist ein Forschungsansatz, der einerseits eine eigene Methodologie darstellt, innerhalb derer wiederum verschiedene Methoden wie die Text-, Video-, Bild- und Artefaktanalyse bzw. Feldforschung zur Sicherung wissenschaftlicher Erkenntnisse existieren (Reichertz 2013a, S. 519).

Diese Bedeutung von sozialen Praktiken gilt es methodisch abgesichert zu (re-)konstruieren bzw. deren soziale Bedeutung zu verstehen. Dies können Hermeneuten nur leisten, wenn auch sie der Regeln der Bedeutungsproduktion einer Interaktionsgemeinschaft mächtig sind. Ziel einer hermeneutischen Interpretation ist es, die in Handlungspraktiken implizit enthaltene Bedeutungsstruktur zu explizieren. Zu diesem Zweck nehmen Forschende eine Attitüde „künstlicher Dummheit" (Hitzler 1991) ein, durch die es ihnen gelingt, das jeweils Besondere und Exotische an vermeintlich selbstverständlichen Praktiken wahrzunehmen (Hitzler 1991).

4.2   Methoden der qualitativen Marktforschung

Im Forschungsprozess werden typischerweise zwei Arbeitsschritte unterschieden: der Schritt der Datenerhebung und der Schritt der Datenauswertung. Für die Analyse von Konsumritualen eignen sich möglichst offene und dynamische Verfahren, da es nur auf diese Weise gelingt, die notwendige Tiefe bei der Durchdringung der oberflächlichen Handlungs- und Konsumpraktiken zu erreichen.

In der Erhebungsphase ist es sinnvoll, den Beforschten möglichst frei berichten zu lassen und somit die Relevanzsetzung durch den Beforschten erfolgen zu lassen. Zu diesem Zweck eignet sich das narrative Interview (Schütze 1977). Die Narration bzw. Erzählung ermöglicht es, den Forscher an den eigenen Erfahrungen teilhaben zu lassen: Die Befragten sollen durch die Erzählung erlebte Situationen nochmals erleben und durchleiden. Auf diese Weise entsteht ein Text, der eine Interpretation der prozessualen Entfaltung von Handlungszusammenhängen ermöglicht. Die Aufgabe des Forschenden besteht darin, die Routine des Erzählens zu unterbrechen und Stehgreiferzählungen zu generieren. Stehgreiferzählungen stellen ein Werkzeug dar, um relevante Stellen des Interviews zu vertiefen, indem Abläufe und Erfahrungen präzise erfragt werden (Küsters 2009).

Ein narratives Interview setzt voraus, dass die Beforschten in der Lage sind, ihre Erfahrungen zu verbalisieren. Ist dies nicht der Fall oder sollen zusätzlich Handlungen in natürlichen Settings erforscht werden müssen, um die Komplexität von Konsumpraktiken nachvollziehen zu können, stehen alternative Methoden der qualitativen (Markt-)Forschung zur Verfügung, z. B. ein Thematischer Apperzeptionstest oder eine ethnografische Studie.

Rook verwendet bei seiner Pionierstudie über Konsumrituale einen Thematischen Apperzeptionstest (TAT) um das morgendliche Styling im Bad zu analysieren (Gröppel-Klein und Königstorfer 2009, S. 541). Bei einem TAT werden den Befragten (Werbe-)Bilder gezeigt, damit die Befragten dazu persönliche und subjektive Geschichten erzählen, welche die eigenen Wünsche und Bedürfnisse in das Bild projizieren. Rook griff auf diese Methode zurück, da die beforschten Subjekte nicht über das Vokabular verfügten, um eine freie Geschichte ihres Schminkprozesses zu berichten (Gröppel-Klein und Königstorfer 2009, S. 541).

Eine weniger reaktive Methode stellt die Ethnografie bzw. Beobachtung dar. Ethnografie erlaubt Einblicke in die Lebenswelten, Szenen oder Communities, in denen sich Konsumenten zusammenfinden (Abschn. 2.1). Das Ziel ist hierbei, die Fremdheit des Vertrauten in der eigenen Interaktionsgemeinschaft wahrzunehmen, um das Exotische und Überraschende in der selbstverständlichen alltäglichen Lebenswelt zu entdecken (Hirschauer und Amann 1997). Hierbei gilt es zwischen teilnehmender Beobachtung und beobachtender Teilnahme zu differenzieren: Die beobachtende Teilnahme ermöglicht es dem Forschenden, die Handlungspraktiken detailliert zu beobachten und dokumentieren, da er selbst nicht an den Praktiken teilnimmt. Bei der teilnehmenden Beobachtung hingegen ist der Forschende selbst in die Handlungskomplexe eingebunden und kann auf diese Weise die subjektiven Wahrnehmungen der Handlungssubjekte in sich auslösen (Lüders 2009). Bei beiden Vorgehensweisen sollen die Beobachtungen – entweder an anderen oder an sich selbst – in Beobachtungsprotokollen detailliert dokumentiert und dem Material für die Datenanalyse hinzuzufügt werden.

Der Forschungsschritt der Datenauswertung sollte interpretativ erfolgen und die Relevanzstrukturen der beforschten Subjekte (re-)konstruieren. Es gilt eine Subsumtionslogik zu vermeiden, bei der soziale Phänomene lediglich unter bereits bekannte Wissensstrukturen untergeordnet werden. Zwei Verfahren, die diese Offenheit garantieren, stellen die hermeneutisch-wissenssoziologische Sequenzanalyse und die Grounded Theory dar.

Die hermeneutisch-wissenssoziologische Sequenzanalyse ermöglicht es, relevante Textstellen tief gehend zu analysieren. Das konkrete sequenzanalytische Vorgehen sieht vor, Textstellen einer Wort-für-Wort-Analyse zu unterziehen. Es gilt, möglichst viele Lesarten aus dem Text zu produzieren. Diese Lesarten werden im Fortgang der Analyse Schritt für Schritt reduziert, indem sie dahin gehend beurteilt werden, ob diese im Gesamtzusammenhang der Deutung sinnvoll oder sinnfrei sind. Entsprechend werden Lesarten schrittweise ausgeschlossen. Anschließend wird eine höher aggregierte Sinneinheit gesucht. Man kann auch sagen, der Einzelfall wird zu einer Sinnfigur verdichtet. Dies vollzieht sich oft durch einen qualitativ-induktiven und manchmal auch durch einen abduktiven Schluss vonseiten des Interpreten, der diese Sinnfigur hervorbringt (zur genaueren Diskussion der Abduktion Reichertz 2013b): „Am Ende [eines Interpretationsprozesses] ist man angekommen, wenn ein hochaggregiertes Konzept, eine Sinnfigur, gefunden bzw. mithilfe der Daten konstruiert wurde, in das alle untersuchten Elemente zu einem sinnvollen Ganzen integriert werden können und dieses Ganze im Rahmen einer bestimmten Interaktionsgemeinschaft verständlich (sinnvoll) macht" (Reichertz 2013, S. 523).

Im Gegensatz zur Sequenzanalyse ist die Grounded Theory in der Lage, größere Textmengen einer interpretativen Analyse zuzuführen. ‚Grounded‘ bedeutet, dass die Deutung im Material ‚gründet‘, nicht in vorgängigen Kategorien oder Konzepten des Forschenden. Der Forschende soll eine Haltung einnehmen, durch welche ihn sein Wissen bei der Interpretation inspiriert (Strauss und Corbin 1996, S. 7 ff.). Diese Fähigkeit bezeichnet Strauss als ‚theoretische Sensitivität‘; man kann theoretische Sensitivität auch als theoretisch angeleitete Neugier des Forschenden bezeichnen, die sich auf den Untersuchungsgegenstand richtet (Strauss und Corbin 1996, S. 25 ff.).

Die Grounded Theory wird in drei Schritten vollzogen: dem offenen, axialen und selektiven Codieren (Strauss und Corbin 1996, S. 39 ff.). Jeder der drei Schritte ordnet die Kategorien in einem spezifischen Muster an. Bei dem offenen Codieren werden zunächst Konzepte gebildet, d. h. vorläufige Interpretationen werden in den Status von Kategorien überführt. Bei dem axialen Codieren werden bestimmte Kategorien gewählt, die ein zu untersuchendes Phänomen fokussieren und entlang des sog. Codierparadigmas Ursachen, Wirkungen, intervenierende Variablen, Kontexte und Handlungsstrategien herausarbeiten. Die Subkategorien werden zu der Hauptkategorie in Beziehung gesetzt. Auf diese Weise entstehen Theorieminiaturen. Schließlich ordnet das selektive Codieren die Theorieminiaturen um *eine* zentrale Achse, sodass die Kategorien in ein Verhältnis zueinander gesetzt werden. Die Grounded Theory ermöglicht es auf diese Weise, Handlungszusammenhänge und Ablaufstrukturen sozialer Handlungen zu (re-) konstruieren: Hierbei könnte es sich beispielsweise um die detaillierte sequenzierte Abfolge eines rituellen Prozesses handeln, wie dem Konsum des morgendlichen Kaffees als zentralen Bestandteil des Prozesses vom Aufwachen, über das Kaffeetrinken hin zu der Funktionsfähigkeit und Leistungsbereitschaft des Individuums.

Für die Erforschung von Konsumritualen sollten auch weitere Forschungsmethoden in Betracht gezogen werden, die in der Lage sind, die soziale Alltagswirklichkeit der beforschten Subjekte einzufangen. Möglich sind interpretative Videoanalysen, Gruppendiskussionen oder Chat- und Forenanalysen im Sinne einer Netnographie. Durch die Ausweitung des methodischen Rüstzeugs kann ein umfassenderes Bild und somit ein tieferes Verständnis der Konsumentenperspektive gelingen.

Das Ziel qualitativer (Markt-)Forschung besteht schließlich darin, den Forschenden zu befähigen, Einblicke in die Relevanzstrukturen und Wissensbestände des Beforschten zu erhalten. Das Verständnis der Perspektive des Konsumenten versetzt die korporativen Akteure in die Lage, auf Probleme und Wünsche der Zielgruppen einzugehen und diese bei der Gestaltung von Kommunikationsmaßnahmen zu berücksichtigen. Beispielsweise hat Oreo eine Kampagne aus dem Ritual von Kindern entwickelt, die den Oreo-Keks erst aufdrehen, die Milchcreme lecken und den Keks dann in Milch tunken (Amati und Pestana 2015, S. 237). Derartige *Consumer Insights* treffen den Nerv der Konsumenten, sie verbreiten die Vorstellung, dass Kinder, die das Ritual bereits durchführen, Bestandteil einer größeren Community von Oreo-Fans sind: Das Ritual verbindet die Subjekte miteinander.

Fazit 5

Für Unternehmen wird es zunehmend schwierig, Produkte auf gesättigten Märkten zu positionieren. Um aus der schier unendlichen Vielfalt herauszustechen, bedarf es geschickter Inszenierungsstrategien im Kampf um die Aufmerksamkeit des Konsumenten. Noch komplizierter ist es für Marken, einen Kultstatus in der Wahrnehmungsperspektive des Konsumenten zu erreichen und somit langfristigen Absatz für das Unternehmen zu garantieren. Gelingt dies, kann in Anlehnung an die vorangegangenen Ausführungen von Konsumritualen gesprochen werden.

Der vorliegende Essay hat sich mit der Frage beschäftigt, inwiefern soziale Konsumhandlungen als Rituale bestimmt werden und inwiefern korporative Akteure Nutzen aus dem Wissen über rituelle Konsumprozesse ziehen können. Konsumhandlungen – seien sie individuell, intersubjektiv oder kollektiv – können durchaus als Konsumrituale verstanden werden. Die Unternehmenskommunikation muss sich jedoch von der Vorstellung lösen, dass sie in der Lage ist, von sich aus Rituale zu initiieren und zu etablieren. Vielmehr müssen Unternehmen dafür sensibilisiert werden, dass es die Konsumenten sind, die als Urheber von Ritualen auftreten, indem sie die Waren und Konsumgüter kreativ in ihre alltäglichen und außeralltäglichen Handlungen einbinden. Gelingt es den Unternehmen, diese rituellen Prozesse zu verstehen, können sie dies zum Bestandteil der strategischen Unternehmenskommunikation machen.

Die Bandbreite von Konsumritualen ist denkbar groß: Sie kann von der Inszenierung des Frühstücks, über die Praxis des Grillens, den Verzehr von Spirituosen bis hin zu dem heimlichen Auslöffeln von Nougatcreme-Gläsern reichen. Entscheidend ist, dass der jeweiligen Praxis aus Sicht der (Konsum-)Subjekte ein Mehrwert, ein transzendenter Sinn, hinzukommt, der dem rituellen Subjekt das Gefühl vermittelt, Bestandteil einer größeren Sache zu sein. Findet dieser Wunsch

© Springer Fachmedien Wiesbaden GmbH, ein Teil von Springer Nature 2019
M. Roslon, *Konsumrituale als strategisches Marketinginstrument,* essentials,
https://doi.org/10.1007/978-3-658-26502-1_5

aufseiten der Konsumenten Anklang, können Unternehmen die Vorstellung verbreiten, dass der Einzelne mit seinem Agens nicht alleine ist, sondern zu einer größeren Bewegung gehört, die sich diesem Konsumritual verpflichtet fühlt. Dies macht die Magie ritueller Prozesse aus, für die Unternehmen sich sensibilisieren müssen.

Was Sie aus diesem *essential* mitnehmen können

- Terminologische Differenzierung von Konsumritualen
- Identifizierung und Analyse von Konsumritualen
- Implementierung von Konsumritualen als strategisches Instrument der Unternehmenskommunikation

M. Roslon, *Konsumrituale als strategisches Marketinginstrument,* essentials,
https://doi.org/10.1007/978-3-658-26502-1

Literatur

Amati, Filiberto, und Francisco Pestana. 2015. Consumption rituals: A strategic marketing framework. *Economic Studies* 2 (LXXXV): 229–246.

Arvidsson, Adam. 2005. Brands. A critical perpective. *Journal of Consumer Culture* 5 (2): 235–258.

Beck, Ulrich. 1986. *Risikogesellschaft. Auf dem Weg in eine andere Moderne.* Frankfurt a. M.: Suhrkamp.

Beck, Ulrich, Wolfgang Bonß, und Christoph Lau. 2001. Theorie reflexiver Modernisierung – Fragestellungen, Hypothesen, Forschungsprogramme. In *Die Modernisierung der Moderne*, Hrsg. Ulrich Beck und Wolfgang Bonß. Suhrkamp: Frankfurt a. M.

Bennett, Andy. 1999. Subcultures or neo-tribes. Rethinking the relationship between youth, syle and musical taste. *Sociology* 33 (3): 599–617.

Berger, Peter L., und Thomas Luckmann. 2003. *Die gesellschaftliche Konstruktion der Wirklichkeit. Eine Theorie der Wissenssoziologie.* Frankfurt a. M.: Fischer.

Buber, Renate, und Hartmut H. Holzmüller, Hrsg. 2009. *Qualitative Marktforschung Konzepte – Methoden – Analyse.* Wiesbaden: Gabler.

Burmann, Christoph, Thilo Halaszovich, Michael Schade, und Frank Hemmann. 2015. *Identitätsbasierte Markenführung. Grundlagen – Strategie – Umsetzung – Controlling.* Wiesbaden: Springer Fachmedien.

Bruhn, Manfred. 2001. *Marketing. Grundlagen für Studium und Praxis.* Wiesbaden: Gabler.

Bruhn, Manfred. 2009. *Relationship Marketing. Das Management von Kundenbeziehungen.* München: Vahlen.

Claren, Isabell. 2018. Ritualisierter Konsum als Chance für die Unternehmenskommunikation. *Journal für korporative Kommunikation.* http://journal-kk.de/isabell-claren-ritualisierter-konsum-als-chance-fuer-die-unternehmenskommunikation/. Zugegriffen: 11. Jan. 2019.

Coman, A., und C. Sas. 2016. Exploring consumer experiences as rites of passages. *Bulletin of the Transsilvania University of Braşov. Series VII: Social Sciences/Law* 9 (1): 58.

Cova, Bernard. 1996. The Postmodern explained to Managers: Implications for Marketing. *Business Horizons* 39 (6): 15–24.

Dahrendorf, Ralf. 1979. *Lebenschancen Anläufe zur sozialen und politischen Theorie.* Frankfurt a. M.: Suhrkamp.

© Springer Fachmedien Wiesbaden GmbH, ein Teil von Springer Nature 2019   45
M. Roslon, *Konsumrituale als strategisches Marketinginstrument,* essentials,
https://doi.org/10.1007/978-3-658-26502-1

De Waal Malefyt, Timothy. 2015. The senses in anthropological and marketing research: Investigating a consumer-brand ritual holistically. *Journal of Business Anthropology* 4 (1): 5–30.

Durkheim, Émile. 1981. *Die elementaren Formen religiösen Denkens*. Frankfurt a. M.: Suhrkamp.

Eliade, Mircea. 1957. *Das Heilige und das Profane*. Hamburg: Rowohlt.

Elias, Norbert. 1971. *Was ist Soziologie?* München: Juventa.

Erikson, Erik H. 1966. Ontogeny of ritualization in man. *Philosophical Transactions of the Royal Society. Series B* 251:337–349.

Erikson, Erik H. 1978. *Kinderspiel und politische Phantasie. Stufen der Ritualisierung der Realität*. Frankfurt a. M.: Suhrkamp.

Esch, Franz-Rudolf. 2012. *Strategie und Technik der Markenführung*. München: Vahlen.

Firat, Fuat, und Alladi Venkantesh. 1993. Postmodernity: The age of marketing. *Journal of Research in Marketing* 10 (1993): 227–249.

Flath, Beate, und Christoph Jacke. 2017. Das Quasireligiöse im Kontext von Massenevents der Popmusik. Eine Spurensuche. In *Massen und Masken. Kulturwissenschaftliche und theologische Annäherungen*, Hrsg. Richard Janus, Florian Fluchs, und Harald Schroeter-Wittke. Wiesbaden: Springer.

Frazer, James George. 1922. *The golden bough. A study in magic and religion*. New York: Macmillan.

Freud, Sigmund. 1907. Zwangshandlungen und Religionsübungen. In *Gesammelte Werke. Chronologisch geordnet*. Werke aus den Jahren 1906–1909, Hrsg. Sigmund Freud, Bd. 7. Frankfurt a. M.: Fischer.

Gebhardt, Winfried. 2000. Feste, Feiern und Events. Zur Soziologie des Außergewöhnlichen. In *Events. Soziologie des Außergewöhnlichen*, Hrsg. Winfried Gebhardt, Ronald Hitzler, und Michaela Pfadenhauer. Opladen: Leske + Budrich.

Geertz, Clifford. 1987. *Dichte Beschreibung. Beiträge zum Verstehen kultureller Systeme*. Frankfurt a. M.: Suhrkamp.

Goffman, Erving. 1982. *Geschlecht und Werbung*. Suhrkamp: Frankfurt a. M.

Goffman, Erving. 1986. *Interaktionsrituale. Über Verhalten in direkter Kommunikation*. Frankfurt a. M.: Suhrkamp.

Goffman, Erving. 2002. *Wir alle spielen Theater. Die Selbstdarstellung im Alltag*. München: Piper.

Greenberg, Karl. 2007. BBDO: Successful brands become hard habit for consumers to break. *Marketing Daily*. https://www.mediapost.com/publications/article/60233/bbdo-successful-brands-become-hard-habit-for-cons.html. Zugegriffen: 5. Jan. 2018.

Gröppel-Klein, Andrea, und Jörg Königstorfer. 2009. Projektive Verfahren in der Marktforschung. In *Qualitative Marktforschung. Konzepte – Methoden – Analyse*, Hrsg. Renate Buber und Hartmut H. Holzmüller. Wiesbaden: Gabler.

Hahn, Alois. 1982. Zur Soziologie der Beichte und anderer Formen institutionalisierter Bekenntnisse: Selbstthematisierung und Zivilisationsprozeß. *Kölner Zeitschrift für Soziologie und Sozialpsychologie* 34 (1982): 407–434.

Hall, Stuart. 1999. Kodieren/Dekodieren. In *Cultural Studies. Grundlagentexte zur Einführung*, Hrsg. Roger Bromley, Udo Göttlich, und Carsten Winter. Lüneburg: zu Klampen.

Hall, Stuart. 2004. Die Frage nach der kulturellen Identität. In *Rassismus du kulturelle Identität. Ausgewählte Schriften 2*, Hrsg. Stuart Hall. Argument: Hamburg.

Hellmann, Kai-Uwe. 2010. Konsumsoziologie. In *Handbuch Spezielle Soziologien*, Hrsg. Georg Kneer und Markus Schroer. Wiesbaden: VS Verlag.

Hellmann, Kai-Uwe. 2013. *Der Konsum der Gesellschaft. Studien zur Soziologie des Konsums*. Wiesbaden: VS Springer.

Hirschauer, Stefan, und Klaus Amann, Hrsg. 1997. *Die Befremdung der eigenen Kultur*. Frankfurt a. M.: Suhrkamp.

Hitzler, Ronald. 1991. Dummheit als Methode. Eine dramatologische Textinterpretation. In *Qualitativ-empirische Sozialforschung*, Hrsg. D. Garz und K. Kraimer. Wiesbaden: VS Verlag.

Hitzler, Ronald, Anne Honer, und Michaela Pfadenhauer. 2007. Zur Einleitung: „Ärgerliche" Gesellungsgebilde? In *Posttraditionale Gemeinschaften. Theoretische und ethnografische Erkundungen*, Hrsg. Ronald Hitzler, Anne Honer, und Michaela Pfadenhauer. Wiesbaden: VS Verlag.

Holt, Douglas B. 1992. Examining the descriptive value of ritual in consumer behavior: A view from the field. *Advances in Consumer Research* 19 (1): 213–218.

Holt, Douglas B. 2004. *How brands become icons: The principle of cultural branding*. Havard: Business Review Press.

Holt, Douglas B., und Douglas Cameron. 2010. *Cultural strategy. Using innovative ideologies to build breakthrough brands*. Oxford: Oxford University Press.

Honer, Anne, Ronald Kurt, und Jo Reichertz, Hrsg. 1999. *Diesseitsreligion. Zur Deutung der Bedeutung moderner Kultur*. Konstanz: UVK.

Horton, Donald, und R. Richard Wohl. 1956. Mass communication and para-social interaction. Observations on intimacy at a distance. *Psychiatry* 19:215–229.

Hradil, Stefan. 2006. Soziale Milieus – Eine praxisorientierte Forschungsperspektive. *Aus Politik und Zeitgeschichte* 44–45:3–10.

Huizinga, Johan. 1956. *Homo Ludens. Vom Ursprung der Kultur im Spiel*. Hamburg: Rowohlt.

Huxley, Julian. 1914. The courtship-habits of the great crested grebe. *Proceedings of the Zoological Society of London* 35:491–562.

Huxley, Julian. 1966. A discussion on ritualization of behaviour in animals and men. *Philosophical Transactions of the Royal Society* 251:249–526.

Jäckel, Michael. 2004. *Einführung in die Konsumsoziologie. Fragestellungen – Kontroversen – Beispieltexte*. Wiesbaden: VS Verlag.

Jahr, Nathalie. 2013. Das Außergewöhnliche als Gemeinschaftserlebnis – Events als moderne Rituale im Spannungsfeld zwischen Zugehörigkeitssuche und Distinktionsbedürfnis. Inauguraldissertation zur Erlangung des Grades eines Doktors der Philosophie. Hanau am Main. https://archiv.ub.uni-marburg.de/diss/z2014/0043/. Zugegriffen: 21. Mai 2018.

Joas, Hans. 2011. *Die Sakralität der Person. Eine neue Genealogie der Menschenrechte*. Frankfurt a. M.: Suhrkamp.

Keller, Reiner. 2008. Welcome to the Pleasuredome? Konstanzen und Flüchtigkeit der gefühlten Vergemeinschaftung. In *Posttraditionale Gemeinschaften. Theoretische und ethnografische Erkundungen*, Hrsg. Ronald Hitzler, Anne Honer, und Michaela Pfadenhauer. Wiesbaden: VS Verlag.

Keller, Reiner, Hubert Knoblauch, und Jo Reichertz. 2013. *Kommunikativer Kontruktivismus. Theoretische und empirische Arbeiten zu einem neuen wissenssoziologischen Ansatz*. Wiesbaden: Springer VS.

Keupp, Heiner, Thomas Ahbe, Wolfgang Gmür, Renate Höfer, Beate Mitzscherlich, Wolfgang Kraus, und Florian Straus. 2008. *Identitätskonstruktionen. Das Patchwork der Identitäten in der Spätmoderne*. Hamburg: Reinbek.

Kirchgeorg, Manfred, und Beatrice Ermer. 2014. Live Communication: Potenziale von Events, Veranstaltungen, Messen und Erlebniswelten. In *Handbuch Unternehmenskommunikation*, Hrsg. Ansgar Zerfaß und Manfred Pirwinger. Wiesbaden: Springer.

Kirchgeorg, Manfred, Christiane Springer, und Christian Brühe. 2009. *Live Communication Management: Ein strategischer Leitfaden zur Konzeption, Umsetzung und Erfolgskontrolle*. Wiesbaden: Gabler.

Knoblauch, Hubert. 2000. Das strategische Ritual der kollektiven Einsamkeit. Zur Begrifflichkeit und Theorie des Events. In *Events. Soziologie des Außergewöhnlichen*, Hrsg. Winfried Gebhardt, Ronald Hitzler, und Michaela Pfadenhauer. Opladen: Leske + Budrich.

Koschel, Kay-Volker. 2008. Die Rolle der Marktforschung in der Konsumgesellschaft. In *Zwischen Methodenpluralismus und Datenhandel. Zur Soziologie der kommerziellen Konsumforschung*, Hrsg. Dominik Schrage und Markus R. Friederici. Wiesbaden: VS Verlag.

Kroeber-Riel, Werner, und Andrea Gröppel-Klein. 2013. *Konsumentenverhalten*. München: Vahlen.

Kühn, Thomas, und Kay-Volker Koschel. 2010. Die Bedeutung des Konsums für moderne Identitätskonstruktion. In *Unsichere Zeiten: Herausforderungen gesellschaftlicher Transformationen. Verhandlungen des 34. Kongresses der Deutschen Gesellschaft für Soziologie in Jena*, Hrsg. Hans-Georg Soeffner. Wiesbaden: VS Verlag.

Küsters, Ivonne. 2009. *Narrative Interviews. Grundlagen und Anwendungen*. Wiesbaden: VS Verlag.

Leach, Edmund R. 1968. *Ritual*. Chicago: Macmillan (International Encyclopedia of the Social Sciences).

Lindstrom, Martin. 2016. *Small Data. Was Kunden wirklich wollen – wie man aus winzigen Hinweisen geniale Schlüsse zieht*. Kulmbach: Börsenmedien AG.

Lipp, Wolfgang. 2000. Event Ware. In *Events. Soziologie des Außergewöhnlichen*, Hrsg. Winfried Gebhardt, Ronald Hitzler, und Michaela Pfadenhauer. Opladen: Leske + Budrich.

Lüders, Christian. 2009. *Teilnehmende Beobachtung und Ethnografie*. Hagen: Studienbrief Fernuniversität.

Luhmann, Niklas. 1992. *Beobachtungen der Moderne*. Wiesbaden: Westdeutscher.

Maffesoli, Michel. 1979. *La conquête du présent. Pour une sociologie de la vie quotidienne*. Paris: Presses Universitaires de France.

Maffesoli, Michel. 1995. *The time of the tribes. The decline of individualism in mass society*. London: Sage.

Marquardt, Odo (1981): Abschied vom Prinzipiellen. Philosophische Studien. Stuttgart: Reclam.

Marx, Karl. 2009. *Das Kapital. Kritik der politischen Ökonomie*. Köln: Anaconda.

McCracken, Grant. 1986. Culture and consumption: A theoretical account of the structure and movement of the cultural meaning of consumer goods. *The Journal of Consumer Research* 13 (June 1986): 71–84.

McCracken, Grant. 1988. *Culture and consumption*. Bloomington: Indiana University Press.

Misik, Robert. 2007. *Das Kult-Buch. Glanz und Elend der Kommerzkultur.* Berlin: Aufbau.

Muniz Jr., Albert M., und Thomas C. O'Guinn. 2001. Brand community. *Journal of Consumer Research* 27:412–432.

Newcomb, Horace M., und Paul Hirsch. 1986. Fernsehen als kulturelles Forum. Neue Perspektiven für die Medienforschung. *Rundfunk und Fernsehen* 34:177–190.

Oldenbourg, Ray. 1990. *The great good place: Cafes, coffee shops, bookstores, bars, hair salons, and other hangouts at the heart of a community.* Boston: Da Capo Press.

Ortmann, Günther. 2011. Die Kommunikations- und Exkommunikationsmacht in und von Organisationen. Unter besonderer Berücksichtigung der Macht zur Produktion von Identität. *Die Betriebswirtschaft* 71 (4/2011): 357–380.

Otnes, Cele C., und Tina M. Lowery. 2004. *Contemporary consumption rituals. A research anthology.* Mahwah: Lawrence Erlbaum Associates.

Reckwitz, Andreas. 2008. *Unscharfe Grenzen. Perspektiven der Kultursoziologie.* Bielefeld: transcript.

Reichertz, Jo. 2000. *Die Frohe Botschaft des Fernsehens. Kulturwissenschaftliche Untersuchung medialer Diesseitsreligion.* Konstanz: UVK.

Reichertz, Jo. 2013. Objektive Hermeneutik und hermeneutische Wissenssoziologie. In *Qualitative Forschung. Ein Handbuch,* Hrsg. Uwe Flick, Ernst von Kardoff, und Ines Steinke. Hamburg: Rowohlt.

Reichertz, Jo. 2013. *Die Abduktion in der qualitativen Sozialforschung. Über die Entdeckung des Neuen.* Wiesbaden: VS Verlag.

Reichertz, Jo. 2017. Die Bedeutung des kommunikativen Handelns und der Medien im kommunikativen Konstruktivismus. *Medien & Kommunikationswissenschaft* 65 (2): 252–274 (Themenheft „Konstruktivismus").

Riesman, David. 1960. *Die einsame Masse. Die Untersuchung der Wandlungen des amerikanischen Charakters.* Hamburg: Rowohlt.

Rifkin, Jeremy. 2000. *Access. Das Verschwinden des Eigentums.* New York: Campus.

Robertson-Smith, Robert. 1899. *Die Religion der Semiten.* Freiburg i. B.: Mohr.

Rommerskirchen, Jan. 2015. Was ist korporative Kommunikation? Grundriss einer Phänomenologie. *Journal für korporative Kommunikation.* http://journal-kk.de/wp-content/uploads/2015/09/201501_1.pdf.

Rook, Dennis W. 1985. The ritual dimensions of consumer behavior. *The Journal of Consumer Research* 12 (3): 251–264.

Rook, Dennis W. 2004. Interesting stuff: A commentary on contemporary consumption rituals. In *Contemporary consumption rituals. A research anthology,* Hrsg. Cele C. Otnes und Tina M. Lowery. Mahwah: Lawrence Erlbaum Associates.

Roslon, Michael. 2016. Wirkung in der Unternehmenskommunikation – Zwischen Erklären, Verstehen und Verständigung. *Journal für korporative Kommunikation.* http://journal-kk.de/michael-roslon-wirkung-in-der-unternehmenskommunikation-zwischen-erklaeren-verstehen-und-verstaendigung-2/. Zugegriffen: 11. Apr. 2018.

Roslon, Michael. 2017. *Spielerische Rituale oder rituelle Spiele? Überlegungen zum Wandel zweier zentraler Begriffe der Sozialforschung.* Wiesbaden: Springer VS.

Schiele, Kristen, und Mine Üçok Hughes. 2013. Possession rituals of the digital consumer: A study of pinterest. In *E – European advances in consumer research,* Bd. 10, Hrsg. Gert Cornelissen, Elena Reutskaja, und Ana Valenzuela, 47–50. Duluth: Association for Consumer Research.

Schmid, Beat F., und Boris Lyczek. 2008. Die Rolle der Kommunikation in der Wertschöpfung der Unternehmung. In *Unternehmenskommunikation. Kommunikationsmanagement aus Sicht der Unternehmensführung*, Hrsg. Miriam Meckel und Beat F. Schmid. Wiesbaden: Gabler.

Schrage, Dominik. 2009. *Die Verfügbarkeit der Dinge Eine historische Soziologie des Konsums*. New York: Campus.

Schütze, Fritz. 1977. *Die Technik des narrativen Interviews in Interaktionsfeldstudien – dargestellt an einem Projekt zur Erforschung von kommunalen Machtstrukturen*. Manuskript: Bielefeld.

Schulze, Gerhard. 2005. *Die Erlebnisgesellschaft. Kultursoziologie der Gegenwart*. Frankfurt a. M.: Campus.

Sezer, Ovul, Michael I. Norton, Franesca Gino, und Kathleen D. Vohs. 2016. Family rituals improve the holidays. *Journal of the Association for Consumer Research* 1 (4): 509–526.

Simmel, Georg. 1918. *Der Konflikt der modernen Kultur*. München: Duncker und Humblot.

Sistenich, Frank, und Cornelia Zanger. 2000. Eventmarketing. Das Marketing-Event als metakommunikativer Baustein zur Etablierung von Kundenbeziehungen. In *Events. Soziologie des Außergewöhnlichen*, Hrsg. Winfried Gebhardt, Ronald Hitzler, und Michaela Pfadenhauer. Opladen: Leske + Budrich.

Soeffner, Hans-Georg. 1992. *Die Ordnung der Rituale. Die Auslegung des Alltags 2*. Frankfurt a. M.: Suhrkamp.

Soeffner, Hans-Georg. 1997. „Auf dem Rücken des Tigers": Über die Hoffnung, Kollektivrituale als Ordnungsmächte in interkulturellen Gesellschaften kultivieren zu können. In *Was hält die Gesellschaft zusammen?* Hrsg. W. Heitmeyer. Suhrkamp: Frankfurt a. M.

Soeffner, Hans-Georg. 2004. Überlegungen zur Soziologie des Symbols und des Rituals. In *Die Kultur des Rituals. Inszenierungen. Praktiken. Symbole*, Hrsg. Christoph Wulf und Jörg Zirfas. München: Fink.

Soeffner, Hans-Georg. 2004. *Auslegung des Alltags – Der Alltag der Auslegung. Zur wissenssoziologischen Konzeption der sozialwissenschaftlichen Hermeneutik*. Konstanz: UVK.

Solomon, Michael R. 2012. *Konsumentenverhalten*. München: Pearson.

Stanfield Tetreault, Mary A., und Kleine III, Robert E. 1990. Ritual, ritualized behavior, and habit: Refinements and extensions of the consumption ritual construct. In *NA – Advances in Consumer Research Goldberg*, Hrsg. E. Marvin, Gerald Gorn und Richard W. Pollay, Bd. 17, 31–38. Provo: Association for Consumer Research. http://acrwebsite. org/volumes/6991/volumes/v17/NA-17. Zugegriffen: 26. Dez. 2017.

Strauss, Anselm, und Juliet Corbin. 1996. *Grounded Theory. Grundlagen Qualitativer Sozialforschung*. Weinheim: Beltz.

Taylor, Charles. 1996. *Quellen des Selbst. Die Entstehung der neuzeitlichen Identität*. Frankfurt a. M.: Suhrkamp.

Thinius, Jochen, und Jan Untiedt. 2013. *Events – Erlebnismarketing für alle Sinne. Mit neuronaler Markenkommunikation Lebensstile inszenieren*. Wiesbaden: Springer Gabler.

Tönnies, Ferdinand. 2005. *Gemeinschaft und Gesellschaft*. Wissenschaftliche Buchgesellschaft: Damstadt.

Turner, Victor. 2005. *Das Ritual. Struktur und Anti-Struktur*. Frankfurt a. M.: Campus.

Tylor, Edward Burnett. 1873. *Die Anfänge der Cultur: Untersuchungen über die Entwicklung der Mythologie, Philosophie, Religion, Kunst und Sitte*. Leipzig: C. F. Winter'sche verlagshandlung.

van Gennep, Arnold. 2005. *Übergangsriten*. New York: Campus.

Veblen, Thorstein. 1971. *Theorie der feinen Leute. Eine ökonomische Untersuchung der Institution*. München: dtv.

Vohs, Kathleen D., Yajin Wang, Francesca Gino, und Michael I. Norton. 2013. Rituals enhance consumption. *Psychological Science* 24 (9): 1714–1721.

Von Kardoff, Ernst. 1995. Qualitative Sozialforschung: Versuch einer Standortbestimmung. In *Handbuch Qualitative Sozialforschung: Grundlagen, Konzepte, Methoden und Anwendungen*, Hrsg. Uwe Flick, Ernst von Kardoff, und Heiner Keupp. Weinheim: Beltz.

Wagner, Peter. 1995. *Soziologie der Moderne. Freiheit und Disziplin*. Frankfurt a. M.: Campus.

Weber, Max. 1904. Die Objektivität sozialwissenschaftlicher Erkenntnis und sozialpolitischer Erkenntnis. In *Gesammelte Aufsätze zur Wissenschaftslehre*, Hrsg. Max Weber. Tübingen: Mohr.

Weber, Max. 1976. *Wirtschaft und Gesellschaft. Grundriss der verstehenden Soziologie*. Tübingen: Mohr.

Weber, Max. 1988. Wissenschaft als Beruf. In *Gesammelte Aufsätze zur Wissenschaftslehre*, Hrsg. Johannes Winckelmann. Tübingen: Mohr.

Weber, Max. 1993. *Die protestantische Ethik und der Geist des Kapitalismus*. Bodenheim: Athenäum.

Willems, Herbert. 2009. Stile und (Selbst-)Stilisierungen zwischen Habitualität und Medialität. In *Theatralisierung der Gesellschaft. Band 1: Soziologische Theorie und Zeitdiagnose*, Hrsg. Herbert Willems. Wiesbaden: Springer VS.

Wiswede, Günther. 2000. Konsumsoziologie – Eine vergessene Disziplin. In *Konsum: soziologische, ökonomische und psychologische Perspektiven*, Hrsg. Doris Rosenkranz und Norbert F. Schneider. Leske + Budrich: Opladen.

Wulf, Christoph. 2005. *Zur Genese des Sozialen. Mimesis, Performativität, Ritual*. Bielefeld: transcript.

Printed in the United States
By Bookmasters